DE SIGNALISATION ROUTIÈRE

DANGER : MOTEUR À EXPLOSION.

DANGER : BAVURES

INTERDICTION DE TENIR LES ENFANTS PAR LA MAIN POUR TRAVERSER LA RUE.

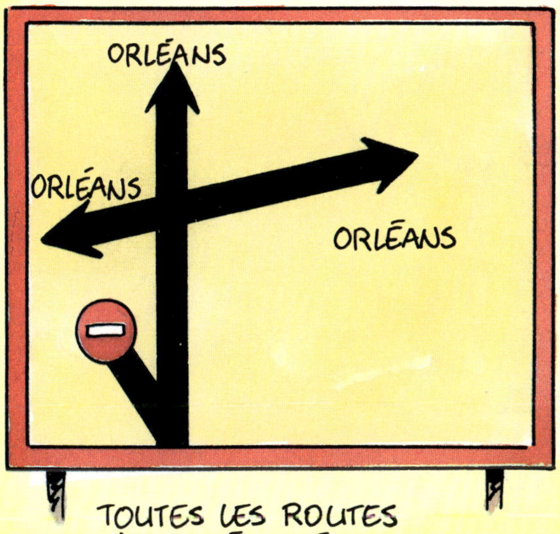

TOUTES LES ROUTES MÈNENT À ORLÉANS (SAUF UNE)

W0401710

BONUS

12 POINTS POUR VOTRE PERMIS

le GUIDE *du* SELF-CONTROL Á L'USAGE DES CONDUCTEURS *en B.D*

adapté du livre de
P.ANTILOGUS et J.L FESTJENS

Dessins : TYBO
Adaptation : GOUPIL
Couleurs : V. GRISSEAUX

VENTS D'OUEST

Éditions Vents d'Ouest
31-33, rue Ernest-Renan
92130 Issy-les-Moulineaux
Tél. : 01-41-46-11-46
Fax : 01-40-93-05-58

Dépôt légal : avril 1994
ISBN : 2 8696 7574 7
Achevé d'imprimer en Janvier 1998

Imprimé en france
sur papier sans chlore de SCA Paper
par ***Partenaires-Livres***®

INTRODUCTION : RÉCONCILIONS L'HOMME ET LA MACHINE
QUOI QU'ON EN DISE, LA VOITURE EST UN CHIC TYPE. NOUS L'AFFIRMONS ICI AVEC LA PLUS DAMNÉE ABSOLUE FROIDE DÉTERMINATION : **LA VOITURE FAIT PARTIE DE LA GRANDE FAMILLE HUMAINE ...**
PLUS QU'UN VIEIL ONCLE PIQUE-ASSIETTE, LA VOITURE, ELLE, ON LA VOIT TOUS LES JOURS, SANS ARRÊT, PARTOUT.
DOCUMENT EXCEPTIONNEL : VIEIL ONCLE QUI EMMÈNE SA FAMILLE À TOUT BERZINGUE.
ET EN PLUS, ELLE VOUS EMMÈNE PARTOUT À TOUT BERZINGUE ! CELA, AUCUN VIEIL ONCLE NE LE FERAIT.
DANS LE TEMPS, COMBIEN DE TEMPS FALLAIT-IL POUR PASSER DE 0 À 100 KM/H, HEIN? UN MAXIMUM, ET ENCORE, PERSONNE N'Y ARRIVAIT.
DOCUMENT HISTORIQUE : CHRÉTIEN EN 30 APRÈS J.C. RÉUSSISSANT À ATTEINDRE LE 100 À L'HEURE EN QUELQUES SECONDES.
VROOOO
DE NOS JOURS, DIEU MERCI, N'IMPORTE QUI PEUT Y ARRIVER ET CONNAÎTRE LE SENS DES VERBES "**FONCER**", "**S'ÉCLATER**", "**BOMBER COMME UN MALADE**". C'ÉTAIT NUL LA ROME ANTIQUE, LA VOITURE ON L'A DIT, C'EST TRÈS CHOUETTE.
MAIS LA VOITURE A AUSSI UNE FACE OMBREUSE ET SATANIQUE, ON PEUT MÊME DIRE QU'ELLE EXERCE UNE INFLUENCE DÉCONCERTANTE SUR L'HOMME.
DOCUMENT VÉRIDIQUE : SACRÉ VIEUX CHIC TYPE MÉCONNAISSABLE AU VOLANT DE SA VOITURE.
UN VOLANT ENTRE LES MAINS, LE QI DE N'IMPORTE QUEL BRAVE BOUGRE DÉGRINGOLE DE 80 POINTS SUR L'ÉCHELLE DE RICHTER.
OSONS LE DIRE : LE CONDUCTEUR D'AUJOURD'HUI EST PERPÉTUELLEMENT AGRESSÉ PAR TROIS ENNEMIS REDOUTABLES : **SA FEMME, SES ENFANTS, LES AUTRES**.
DOCUMENT AFFLIGEANT : CONDUCTEUR EFFROYABLEMENT ASSAILLI PAR LES AUTRES.
TOUT AUTOMOBILISTE DOIT SAVOIR QU'IL RENCONTRERA FATALEMENT UNE SÉRIE D'ÉNERGUMÈNES REDOUTABLES.

LES QUATRE CATÉGORIES D'ENNEMIS REDOUTABLES
NOS ROUTES SONT ELLES UN ENFER PEUPLÉ D'OLIBRIUS DÉCHAÎNÉS? LE TABLEAU EST ASSURÉMENT SOMBRE, AUSSI, DANS UN SOUCI HUMANITAIRE, NOUS ALLONS VOUS PRÉSENTER LES MANIAQUES LES PLUS RÉPANDUS...
1ÈRE CATÉGORIE: LES EMMERDEURS
LE LENT: PARTICULIÈREMENT PÉNIBLE, LE LENT RESTE TOUJOURS CALME AU VOLANT, CE QUI ÉNERVE LES AUTRES.
VOILÀ... VOILÀ... Y'A PAS LE FEU AU LAC...
TUT TUT
SI TOUTES LES AUTRES FILES AVANCENT ALORS QUE LA VOTRE NE BOUGE PAS, C'EST QU'ELLE CONTIENT UN LENT. KLAXONNEZ!
LE MAUVAIS: TOUT AUSSI REDOUTABLE, LE MAUVAIS CALE DÈS QUE LA FILE AVANCE ET TENTE D'INVRAISEMBLABLES MANOEUVRES.
PUISQUE JE VOUS DIS QUE JE VAIS PAR LÀ, MOI!!
IMPOSSIBLE À REPÉRER: JUSQU'À CE QU'IL COMMETTE BRUSQUEMENT UN ACTE INSENSÉ LÀ JUSTE DEVANT VOUS, C'EST EFFROYABLE.
LE GIG: LE GRAND INVALIDE DE GUERRE ET LE GRAND INVALIDE CIVIL SONT MAUVAIS MALGRÉ EUX, ON LEUR PARDONNE.
J'AI MA PROTHÈSE COINCÉE SOUS L'EMBRAYAGE!
TUT TUT
GIG
NÉANMOINS, C'EST QUAND MÊME ASSEZ PÉNIBLE POUR CEUX QUI SONT DERRIÈRE.
LE PERDU: ALERTE MAXIMUM! LE PERDU CHERCHE SON CHEMIN AU LIEU DE FONCER TOUT DROIT COMME TOUT LE MONDE. DE PLUS, IL EST IMPRÉVISIBLE.
S'IL VOUS PLAÎT!
S'IL VOUS PLAÎT!
S'IL VOUS PLAÎT!
CRRIIIII
VROOOOO
MÉFIANCE: LE PERDU PEUT VOUS FAIRE SIGNE POUR VOUS DEMANDER COMMENT ALLER À MONTIGNY-LE-BRETONNEUX! ACCÉLÉREZ!
LES RESPECTUEUX DU CODE: INFÂMES SALAUDS AGISSANT SOUS LE COUVERT DE LA LOI, ILS ROULENT À 90 ET S'ARRÊTENT À L'ORANGE.
SCRIIIII
RÉSULTAT: ON SE LAISSE SURPRENDRE ET ON LEUR RENTRE DEDANS, AVEC TOUS LES TORTS. MERCI POUR LE MALUS!
LES FEMMES: METTONS LES CHOSES AU POINT: NOUS N'AVONS RIEN CONTRE LES FEMMES, IL Y EN A DE TRÈS BIEN.
VOILÀ... Y'A PAS LE FEU... J'AI MA PROTHÈSE COINCÉE...
ET JE VOUS DIS QUE JE VAIS PAR LÀ...
... ALORS QUE JE NE SAIS PLUS OÙ JE SUIS!
SCRII
TUT TUT
UNE FEMME AU VOLANT PEUT ÊTRE AUSSI EMMERDANTE QUE N'IMPORTE QUEL AUTRE CONDUCTEUR! PLUS MÊME! BRAVO, MESDAMES! CONTINUEZ!

2ÈME CATÉGORIE : LES DANGERS PUBLICS.
LE POCHETTE-SURPRISE : DOTÉ D'UN PERMIS PAR QUELQUE EXAMINATEUR FACÉTIEUX, LE POCHETTE-SURPRISE CROIT QU'IL SAIT CONDUIRE.
R'GARDE-MOI TOUS CES CONS QUI PRENNENT LE ROND-POINT À L'ENVERS.
ON DONNE VRAIMENT LE PERMIS À N'IMPORTE QUI !
IIIII
VROO
IL SE TROMPE, C'EST ÉPOUVANTABLE.
LE ROI DE LA ROUTE : ON LE RECONNAIT À SES APPELS DE PHARES, SANS PHARES, IL SE RECROQUEVILLE COMME UNE LIMACE SUR DU GROS SEL...
JE RÊVE ! UN INCONSCIENT QUI ROULE SUR MA VOIE DE GAUCHE !
VRAAAA
SA BAGNOLE EST MÊME PAS GTI EN PLUS !
ILS FINISSENT NÉANMOINS PAR S'EMPLÂTRER UN 30 TONNES ET C'EST UN SOULAGEMENT POUR TOUT LE MONDE.
LES PRINCES DU PASTIS : AVANT D'EMPLÂTRER EUX AUSSI UN 30 TONNES, LES PRINCES DU PASTIS SONT TRÈS FARCEURS.
BAZZE-MOI LA BOUTANCHE, LÉON.
PARIS 107
VERSAILLES
ÉTAMPES
DIVERSES SORTES DE PRINCES DU PASTIS NOUS MENACENT : LE VRP BRETON, LE JEUNE CON DU SAMEDI SOIR OU LE DÉPUTÉ LILLOIS EN TOURNÉE ÉLECTORALE.
3ÈME CATÉGORIE : LES DISTRAITS.
LE PÈRE DE FAMILLE : C'EST UN CONDUCTEUR NORMAL OBLIGÉ DE TRANSPORTER TOUTE SA FAMILLE, PAUVRE GARS..
ÇA FREIIIINNE !!
POUËT ! POUËT !
J'AI ENVIE DE... EURG... VOMIR...
PAPAA PIPI !!
OUI J'VAIS M'ARRÊTER TAIS-TOI TOI !
HEUREUSEMENT, SON VÉHICULE SE REPÈRE DE LOIN : MINIBUS, BREAK, ENFANTS QUI FONT DES GRIMACES À L'ARRIÈRE. CHANGEZ DE FILE.
LE BATTEUR : INSTALLATION SUPERCHIÉE, DEUX FOIS QUARANTE WATTS, ÉQUALIZER ET TOUT LE BAZAR...
TUT
BOU DI BOU DOUM BOUM BOUM DIM DOUM
TUT TUT TUT
TAP TAP TAP TAP
TAP TAP TAP
TAP TAP
ET PENDANT SON SOLO, LE FEU EST REPASSÉ AU ROUGE...
LE LECTEUR : SPÉCIALISTE DES EMBOUTEILLAGES, QUAND LA FILE AVANCE, IL NE RÉAGIT PAS.
TUT TUT TUT TUT
LES MYSTÈRES DE PARIS INTÉGRAL
AUTRE VARIÉTÉ : LE LECTEUR DE CARTE ROUTIÈRE : IL S'AGIT D'UN PERDU QUI S'INFORME, DOUBLEMENT DANGEREUX.

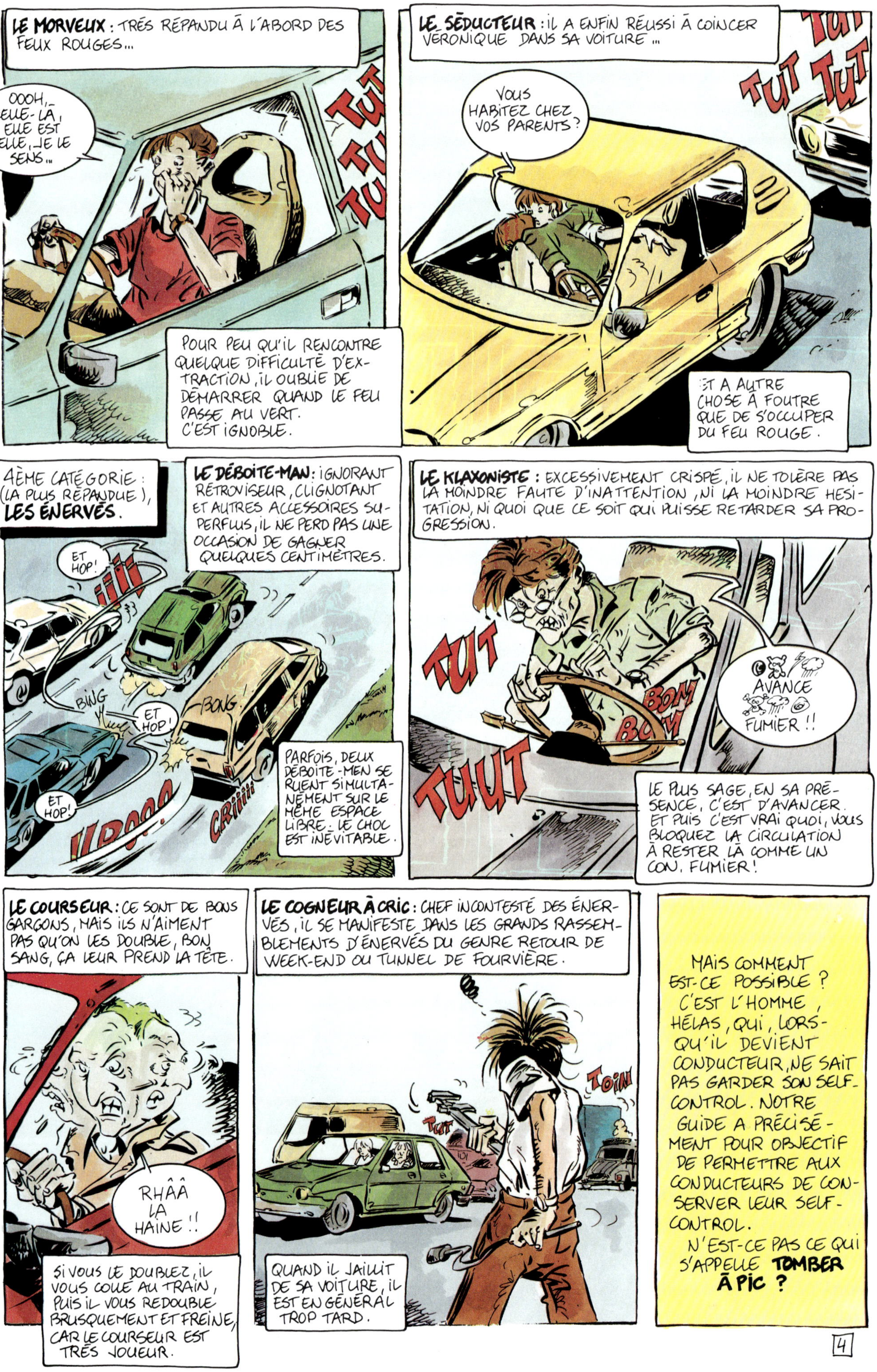
LE MORVEUX : TRÈS RÉPANDU À L'ABORD DES FEUX ROUGES...
OOOH, CELLE-LÀ, ELLE EST BELLE, JE LE SENS...
TUT TUT TUT
POUR PEU QU'IL RENCONTRE QUELQUE DIFFICULTÉ D'EXTRACTION, IL OUBLIE DE DÉMARRER QUAND LE FEU PASSE AU VERT. C'EST IGNOBLE.
LE SÉDUCTEUR : IL A ENFIN RÉUSSI À COINCER VÉRONIQUE DANS SA VOITURE...
TUT TUT TUT TUT
VOUS HABITEZ CHEZ VOS PARENTS ?
ET A AUTRE CHOSE À FOUTRE QUE DE S'OCCUPER DU FEU ROUGE.
4ÈME CATÉGORIE : (LA PLUS RÉPANDUE), LES ÉNERVÉS.
LE DÉBOITE-MAN : IGNORANT RÉTROVISEUR, CLIGNOTANT ET AUTRES ACCESSOIRES SUPERFLUS, IL NE PERD PAS UNE OCCASION DE GAGNER QUELQUES CENTIMÈTRES.
ET HOP !
BING
ET HOP !
BONG
ET HOP !
CRIIIII
PARFOIS, DEUX DÉBOITE-MEN SE RUENT SIMULTANÉMENT SUR LE MÊME ESPACE LIBRE. LE CHOC EST INÉVITABLE.
LE KLAXONISTE : EXCESSIVEMENT CRISPÉ, IL NE TOLÈRE PAS LA MOINDRE FAUTE D'INATTENTION, NI LA MOINDRE HÉSITATION, NI QUOI QUE CE SOIT QUI PUISSE RETARDER SA PROGRESSION.
TUT
BOM BOM
AVANCE FUMIER !!
TUUT
LE PLUS SAGE, EN SA PRÉSENCE, C'EST D'AVANCER. ET PUIS C'EST VRAI QUOI, VOUS BLOQUEZ LA CIRCULATION À RESTER LÀ COMME UN CON. FUMIER !
LE COURSEUR : CE SONT DE BONS GARÇONS, MAIS ILS N'AIMENT PAS QU'ON LES DOUBLE, BON SANG, ÇA LEUR PREND LA TÊTE.
RHÂÂ LA HAINE !!
SI VOUS LE DOUBLEZ, IL VOUS COLLE AU TRAIN, PUIS IL VOUS REDOUBLE BRUSQUEMENT ET FREINE, CAR LE COURSEUR EST TRÈS JOUEUR.
LE COGNEUR À CRIC : CHEF INCONTESTÉ DES ÉNERVÉS, IL SE MANIFESTE DANS LES GRANDS RASSEMBLEMENTS D'ÉNERVÉS DU GENRE RETOUR DE WEEK-END OU TUNNEL DE FOURVIÈRE.
TOIN
TUT
QUAND IL JAILLIT DE SA VOITURE, IL EST EN GÉNÉRAL TROP TARD.
MAIS COMMENT EST-CE POSSIBLE ? C'EST L'HOMME, HÉLAS, QUI, LORSQU'IL DEVIENT CONDUCTEUR, NE SAIT PAS GARDER SON SELF-CONTROL. NOTRE GUIDE A PRÉCISÉMENT POUR OBJECTIF DE PERMETTRE AUX CONDUCTEURS DE CONSERVER LEUR SELF-CONTROL.
N'EST-CE PAS CE QUI S'APPELLE TOMBER À PIC ?

NOS AMIES LES AUTOS
AVANT D'ALLER PLUS AVANT, REPRENONS TOUT À ZÉRO ET POSONS-NOUS LES VRAIES QUESTIONS, TELLES PAR EXEMPLE "D'OÙ VIENNENT LES AUTOS?" OU "COMMENT ÇA MARCHE?"
A L'ORIGINE, UNE IDÉE SIMPLE : FAIRE PASSER LES CHEVAUX DE L'EXTÉRIEUR À L'INTÉRIEUR DU VÉHICULE.
?
?
?
LES PREMIERS ESSAIS FURENT SAIGNANTS, ET C'EST DE LÀ QU'EST NÉE UNE INVENTION DONT NOUS NOUS RÉGALONS TOUJOURS : LE STEAK BARBARE.
L'AUTOMOBILE BALAYA TOUTES LES DIFFICULTÉS TECHNIQUES, PIOCHANT ICI ET LÀ SES DIVERS ÉLÉMENTS.
LE VOLANT
LES PHARES
LES PÉDALES
LA BATTERIE
LES AILES.
EN VÉRITÉ, IL A FALLU BIEN DES EFFORTS ET BIEN DES TÂTONNEMENTS, POUR ÉVITER ÇA :
?
... ET ARRIVER À CE MODÈLE D'ABSOLUE PERFECTION MÉCANIQUE QUE CONSTITUE LA VOITURE MODERNE QUE NOUS CONNAISSONS.
4 PRÉCISIONS UTILES :
1 : UN MOTEUR À EXPLOSION N'EXPLOSE PAS VRAIMENT.
SBLAM
?
ENFIN, PAS SOUVENT.
2 : LES BONNES CARROSSERIES SONT DITES "MONOCOQUES".
NE VOUS LAISSEZ PAS REFILER UNE CARROSSERIE "GONOCOQUE" (C'EST UNE VRAIE VÉROLE".)
3 : NE CONFONDEZ PAS "ESSUIE-GLACE" ET "ESSIEU".
UN BON TRUC POUR S'Y RETROUVER : ON NE DIT JAMAIS "L'ESSIEU-GLACE".
4 : LES FREINS PEUVENT ÊTRE À MAIN, À PIED, À DISQUE OU À TAMBOUR.
?
LE MÉLOMANE DOIT SAVOIR QUE DES FREINS À DISQUES NE VAUDRONT JAMAIS UN AUTORADIO.
AJOUTONS QUE SI LA VOITURE A DES AILES, ELLE N'A PAS DE CUISSES...
C'EST UN DES NOMBREUX POINTS QUI LA DIFFÉRENCIE DU POULET.

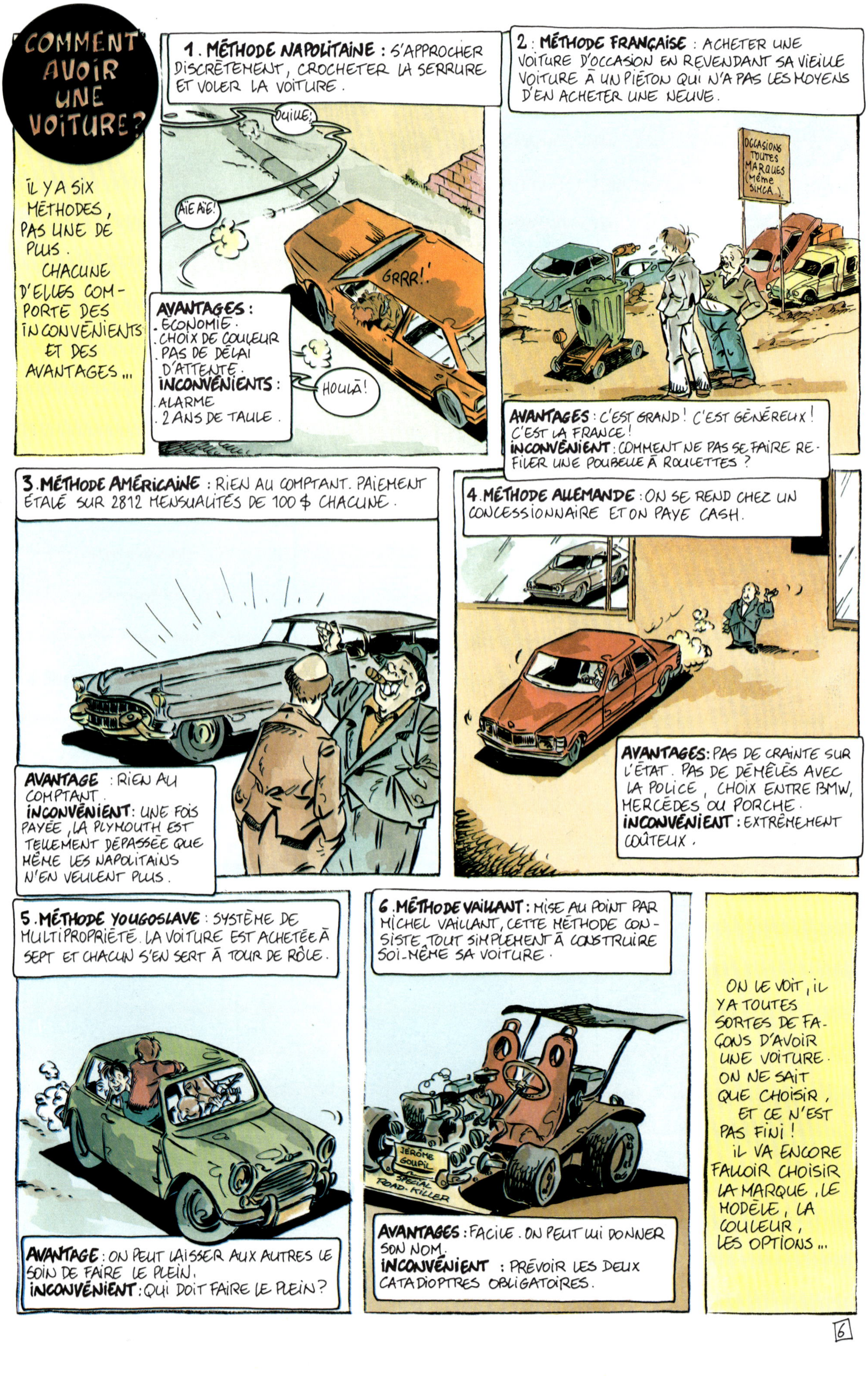
COMMENT AVOIR UNE VOITURE ?
IL Y A SIX MÉTHODES, PAS UNE DE PLUS. CHACUNE D'ELLES COMPORTE DES INCONVÉNIENTS ET DES AVANTAGES...
1. MÉTHODE NAPOLITAINE : S'APPROCHER DISCRÈTEMENT, CROCHETER LA SERRURE ET VOLER LA VOITURE.
OUILLE !
AÏE AÏE !
GRRR !
AVANTAGES : . ÉCONOMIE . CHOIX DE COULEUR . PAS DE DÉLAI D'ATTENTE. INCONVÉNIENTS : . ALARME . 2 ANS DE TAULE.
HOULÀ !
2. MÉTHODE FRANÇAISE : ACHETER UNE VOITURE D'OCCASION EN REVENDANT SA VIEILLE VOITURE À UN PIÉTON QUI N'A PAS LES MOYENS D'EN ACHETER UNE NEUVE.
OCCASIONS TOUTES MARQUES (même SIMCA).
AVANTAGES : C'EST GRAND ! C'EST GÉNÉREUX ! C'EST LA FRANCE ! INCONVÉNIENT : COMMENT NE PAS SE FAIRE REFILER UNE POUBELLE À ROULETTES ?
3. MÉTHODE AMÉRICAINE : RIEN AU COMPTANT. PAIEMENT ÉTALÉ SUR 2812 MENSUALITÉS DE 100 $ CHACUNE.
AVANTAGE : RIEN AU COMPTANT. INCONVÉNIENT : UNE FOIS PAYÉE, LA PLYMOUTH EST TELLEMENT DÉPASSÉE QUE MÊME LES NAPOLITAINS N'EN VEULENT PLUS.
4. MÉTHODE ALLEMANDE : ON SE REND CHEZ UN CONCESSIONNAIRE ET ON PAYE CASH.
AVANTAGES : PAS DE CRAINTE SUR L'ÉTAT. PAS DE DÉMÊLÉS AVEC LA POLICE, CHOIX ENTRE BMW, MERCÉDES OU PORCHE. INCONVÉNIENT : EXTRÊMEMENT COÛTEUX.
5. MÉTHODE YOUGOSLAVE : SYSTÈME DE MULTIPROPRIÉTÉ. LA VOITURE EST ACHETÉE À SEPT ET CHACUN S'EN SERT À TOUR DE RÔLE.
AVANTAGE : ON PEUT LAISSER AUX AUTRES LE SOIN DE FAIRE LE PLEIN. INCONVÉNIENT : QUI DOIT FAIRE LE PLEIN ?
6. MÉTHODE VAILLANT : MISE AU POINT PAR MICHEL VAILLANT, CETTE MÉTHODE CONSISTE TOUT SIMPLEMENT À CONSTRUIRE SOI-MÊME SA VOITURE.
JÉRÔME GOUPIL SPECIAL ROAD-KILLER
AVANTAGES : FACILE. ON PEUT LUI DONNER SON NOM. INCONVÉNIENT : PRÉVOIR LES DEUX CATADIOPTRES OBLIGATOIRES.
ON LE VOIT, IL Y A TOUTES SORTES DE FAÇONS D'AVOIR UNE VOITURE. ON NE SAIT QUE CHOISIR, ET CE N'EST PAS FINI ! IL VA ENCORE FALLOIR CHOISIR LA MARQUE, LE MODÈLE, LA COULEUR, LES OPTIONS...

SEPT REGLES D'OR
À L'USAGE DE L'ACHETEUR DE VOITURE D'OCCASION.
SI VOUS AVEZ CHOISI LA "MÉTHODE FRANÇAISE", LISEZ BIEN ATTENTIVEMENT CETTE PAGE, QUI VOUS ÉVITERA TOUTE DÉCONVENUE...
1. NE JAMAIS ACHETER UN VÉHICULE PROPOSÉ À MOINS DE 1000 F
JE VOUS LA FAIS À 999,95 F
J'HÉSITE!
ET AVEC, JE VOUS OFFRE UNE CHAÎNE LASER 2 X 150 WATTS.
2. NE JAMAIS ACHETER UN VÉHICULE ROUMAIN, BULGARE, TUNISIEN, FIDJIEN OU DONT L'ANCIEN PROPRIÉTAIRE EST MORT AU VOLANT.
OCCASIONS TOUTES MARQUES (MÊME SIMCA)
ET AU NIVEAU DE LA TENUE DE ROUTE, ELLE EST COMMENT?
SUPER! AVEC ÇA, VOUS POUVEZ ROULER À TOMBEAU OUVERT!
3. NE JAMAIS ACHETER LA VOITURE DE VOTRE BEAU-FRÈRE.
JE TE LA FAIS À 999,95F
ET JE T'OFFRE UNE NUIT AVEC MA FEMME!
TA FEMME? C'EST MA SOEUR!
TU VOIS, CETTE VOITURE FAIT DÉJÀ PARTIE DE LA FAMILLE.
4. VÉRIFIER SUR LE VÉHICULE, LA PRÉSENCE DES ACCESSOIRES SUIVANTS.
CES ACCESSOIRES NE DEVRAIENT-ILS PAS ÊTRE SUR LE VÉHICULE?
CARROSSERIE AVEC TOIT (UNE).
SIÈGES
MOTEUR
ROUES (QUATRE).
RADIO-CASSETTE.
VOLANT
JE VOIS QUE J'AI AFFAIRE À UN CONNAISSEUR.
5. VÉRIFIEZ LA MARQUE DU VÉHICULE
LÉON! AMÈNE-MOI UN AUTOCOLLANT FERRARI...
Y'A UN GOGO QUI VIENT À 14 H POUR ACHETER LA SIMCA!
6. VÉRIFIEZ L'USURE DES PLAQUETTES DE DELCO...
JE VAIS ACTIONNER LES SOUPAPES DE DIRECTION POUR VOIR SI ELLES ACCUSENT UN JEU DE 5 À 7 mm... PAR RAPPORT À LA JAUGE PLATINÉE DU CARBURATEUR.
7. FAIRE LE TOUR DU PÂTÉ DE MAISONS AVANT D'ACHETER.
JE ME DEMANDE SI LE MOTEUR N'EST PAS UN PEU TROP À EXPLOSION...
NORMAL! C'EST UNE FERRARI!
C'ÉTAIT UNE FERRARI!
AH ÇA, BIEN SÛR, C'EST DÉCEVANT. ON CROYAIT POUVOIR SE MOTORISER POUR PAS CHER, HEIN?

LAQUELLE CHOISIR ?
BERLINE, BREAK, COUPÉ, BAGNOLE, CAISSE, CHARETTE, CHIOTTE, GUIMBARDE, TACOT, TIRE, TAS DE BOUE, LES AUTOS PULLULENT À LA SURFACE DU GLOBE QUELLE SERA LA VÔTRE, AMIS?
BIEN SÛR, IL Y A CEUX QUI SAVENT...
LES FIDÈLES DE LA MARQUE :
MOI, JE SUIS "PEUGEOT"
LES FEMMES :
MOI JE SUIS "VOITURE ROUGE."
LES SNOBS :
MOI JE SUIS "VOITURE ÉTRANGÈRE."
LES BRICOLEURS :
MOI JE SUIS "SIMCA".
LES ROIS DE LA FRIME :
MOI JE SUIS "8 CYLINDRES EN V".
ATTENTION : IL N'Y A BIEN SÛR AUCUNE HONTE À ACHETER UNE VOITURE ÉTRANGÈRE. SURTOUT SI L'ON EST ÉTRANGER SOI-MÊME.
MAIS QU'IL NOUS SOIT PERMIS DE RAPPELER ICI QUELQUES VÉRITÉS UTILES.
LES ITALIENNES S'EMPÂTENT ET BOUFFENT DE L'HUILE.
LES JAPONAISES SONT BRIDÉES.
LES ALLEMANDES SONT LOURDES.
LES SUÉDOISES SUCENT UN MAXIMUM.
LES ANGLAISES SONT FROIDES ET ROULENT À GAUCHE.
QUANT AUX AMÉRICAINES, ON LE SAIT, CE SONT DE GRANDS ENFANTS.
ET PUIS CEUX QUI NE SAVENT PAS. À CEUX-LÀ, OUVREZ GRAND VOS OREILLES : POUR TROUVER LA VOITURE IDÉALE, CELLE QUI VOUS CONVIENDRA EN TOUS POINTS, CINQ CRITÈRES SONT À CONSIDÉRER.
CRITÈRE D'UTILITÉ : SI VOUS ÊTES MAFIOSO, PRENEZ UNE AUTO BLINDÉE; DRAGUEUR : UNE VOITURE À SIÈGES RABATTABLES; DÉMÉNAGEUR : UN BREAK.
MOI JE SUIS UN DÉMÉNAGEUR DE LA MAFIA QUI AIME DRAGUER. QU'EST-CE QUE JE CHOISIS ?
À RETENIR : SI VOUS ÊTES SEUL AU MONDE, N'ACHETEZ PAS UN MINIBUS.
CRITÈRE DE CONFORT : LIGOTÉ AU SIÈGE PAR LA CEINTURE, STRESSÉ PAR LE TRAFFIC, L'AUTOMOBILISTE DOIT AU MOINS CONSERVER UNE CERTAINE LIBERTÉ DE MOUVEMENT.
UNE VOITURE ADAPTÉE À VOTRE STATURE EST CELLE OÙ VOUS AVEZ LA PLACE DE VOUS RETOURNER POUR GIFLER UN GOSSE !
PLAF
TIENS ! PRENDS ÇA !!
CONSEIL : L'ACCIDENTÉ DE LA ROUTE DONT LES PORTIÈRES SONT BLOQUÉES APPRÉCIERA UN TOIT OUVRANT.
CRITÈRE ESTHÉTIQUE : L'HOMME ET LA MACHINE FORMENT UN TOUT ET C'EST ENSEMBLE QU'ILS DOIVENT OFFRIR À L'OEIL UN SPECTACLE PLAISANT.
C'EST SIMPLE : UN LIMOUSIN DOIT AVOIR UNE LIMOUSINE ET UN COLLABO DOIT AVOIR UNE BERLINE.
N'OUBLIEZ PAS : SI VOUS PORTEZ DES CHEMISES ANGLAISES, PRENEZ UNE VOITURE CRÈME (SI, SI, CRÈME ANGLAISE, C'EST PARFAIT...).

BIEN CHOISIR SA VOITURE - Tableau récapitulatif.

VOUS ÊTES : | IL VOUS FAUT : | VOUS ÊTES : | IL VOUS FAUT :

UN DERNIER CONSEIL : CHOISISSEZ UN MODÈLE ADAPTÉ À VOS MOYENS FINANCIERS.
SI VOUS ÊTES PAUVRE, ROULEZ À VOS RISQUES ET PÉRILS, MAIS DE TOUTE FAÇON, ROULEZ !
L'IMPORTANT EST DE PARTICIPER.

COMMENT PERSONNALISER SON AUTO
VOYONS LES CHOSES EN FACE NOS AMIES LES AUTOS SONT ÉPATANTES, MAIS ELLES SONT TOUTES PAREILLES
DISONS LE MOT : C'EST DÉCEVANT
QUE FAIRE ?
MARCEL ET GINETTE NOUS ONT SOUFFLÉ LA SOLUTION : PERSONNALISER SON AUTO. À TOUS LES COUPS, ILS RECONNAISSENT LEUR VOITURE.
TU VOIS MARCEL LE POTEAU, C'EST PEUT-ÊTRE UN PEU TROP AU NIVEAU DÉCO.
MÊME VOUS, VOUS RECONNAISSEZ LEUR VOITURE QUAND VOUS LA CROISEZ, C'EST DIRE !
EN PERSONNALISANT, DEUX OBJECTIFS SONT PRIORITAIRES : 1) RECONNAÎTRE SON VÉHICULE DU PREMIER COUP D'OEIL. 2) S'Y SENTIR COMME CHEZ SOI.
NE PAS CONFONDRE :
L'EXTÉRIEUR
L'INTÉRIEUR.
POUR CELA IL FAUT : 1) PERSONNALISER L'EXTÉRIEUR. 2) PERSONNALISER L'INTÉRIEUR.
PERSONNALISER l'extérieur
LA COULEUR : CHANGEZ LA COULEUR DE CERTAINES PARTIES DE LA CARROSSERIE, AU GRÉ DES ACCROCHAGES.
C'EST SUPER ! MAINTENANT VOUS RECONNAISSEZ VOTRE VOITURE DU PREMIER COUP D'OEIL ! FASTOCHE, C'EST LA PLUS MOCHE !
LES PIÈCES RAPPORTÉES : MODIFIEZ SES LIGNES EN AJOUTANT DES PIÈCES "SUPER FUN" QUI DONNENT UNE ALLURE JEUNE
5
AJOUTEZ DES SKIS SUR LA GALERIE ET VOUS SEREZ SÛR DE L'IDENTIFIER DE LOIN, UN 15 AOÛT À JUAN-LES-PINS.
LES AUTOCOLLANTS : L'AUTOCOLLANT EST À LA VOITURE CE QUE LA MÉDAILLE EST AU MILITAIRE : UNE DÉCORATION.
CORSICA NAZIONE
BÉBÉ À BORD
OM
JE NE ROULE PAS VITE MAIS JE SUIS DEVANT VOUS
ON PEUT AU CHOIX, EN METTRE PLEIN PARTOUT COMME UN GÉNÉRAL RUSSE OU JUSTE UN, CHARGÉ DE SYMBOLE.
GRATUIT : UN AUTOCOLLANT POUR PERSONNALISER VOTRE AUTO.
CONTACTE TON PROTHÉSISTE DENTAIRE avant de toucher à ma CAISSE
DÉCOUPER SOIGNEUSEMENT ET COLLER SUR LE PARE-BRISE ARRIÈRE
ÉLEVONS-NOUS CONTRE LA PRATIQUE CONSISTANT À LAISSER QUELQUE CHOSE DANS LA VOITURE POUR LA RECONNAÎTRE, TEL QUE CHIEN, ENFANT, VIEUX.
C'EST INDIGNE, SURTOUT LORSQU'ON EST GARÉ EN PLEIN SOLEIL. OU ALORS, BAISSEZ UN PEU LES VITRES.

PERSONNALISER
l'intérieur
LES SIÈGES : COUVREZ-LES D'UNE HOUSSE VELOURS CÔTELÉ À MOTIFS RÉGENCE OU MOUTON-ROSE INDIEN.
ET SI VOUS ÊTES SPORTIF, REMPLACEZ LES SIÈGES DE SÉRIE PAR DES SIÈGES BAQUETS. COMME NELSON PIQUET ! TERRIBLE !
LE TABLEAU DE BORD : FANTASTIQUE ESPACE LUDIQUE QUE L'ON PEUT REMPLIR DE TOUTES SORTES DE MACHINS.
DISTRIBUTEUR DE MONNAIE.
QUEUE DE BÊTE.
PHOTO DES ENFANTS.
BLOC NOTES.
VENTILATEUR
MÉDAILLE
BOULE DÉSODORISANTE
DÉJÀ, ON SE MARRE UN PEU PLUS.
TOUT CE QU'ON PEUT FAIRE DE CHOUETTE DANS UNE VOITURE
(EN ÉCOUTANT LA RADIO).
ÉCOUTER DE LA MUSIQUE
VOUS ÊTES COINCÉ SUR LE PÉRIPHÉRIQUE ET VOUS EN AVEZ ENCORE POUR 5 KM BON COURAGE...
DORMIR
VOUS ÊTES COINCÉ SUR L'AUTOROUTE ET VOUS EN AVEZ ENCORE POUR 15 KM, BON COURAGE...
MOURIR
ACCIDENT SUR L'AUTOROUTE. 1 MORT ET 25 KM DE BOUCHON.
VOMIR
CONTRE LE MAL DE LA ROUTE, BONNEMINE. AVEC BONNEMINE, LA GERBE S'ÉLIMINE.
ACCOUCHER
DUR, DUR D'ÊTRE UN BÉBÉ !
N'EST-CE PAS FORMIDABLE TOUT CE QUE L'ON PEUT FAIRE DANS SA VOITURE ? N'Y EST-ON PAS AUSSI BIEN, SI CE N'EST MIEUX, QUE CHEZ SOI ? NOUS NE VOUS LE FAISONS PAS DIRE...

SEPT IDÉES ORIGINALES POUR TRANSFORMER VOTRE VOITURE
SI NOS IDÉES DE PERSONNALISATION NE VOUS ONT PAS SATISFAIT ET SI VOUS PENSEZ QU'UNE VOITURE N'EST PAS INDISPENSABLE, VOICI COMMENT VOUS BRICOLER QUELQUES MODÈLES ORIGINAUX QUI DEVRAIENT VOUS SÉDUIRE ET VOUS CONVAINCRE DU CONTRAIRE...
LA VOITURE-STUDETTE
COIN CONDUITE
COIN CUISINE
COIN REPAS
COIN DODO
LA VOITURE-AQUARIUM.
600 LITRES D'EAU
8 PIRANHAS
JOINTS EN RUFLEX.
LA VOITURE-SERRE TROPICALE
LIANES
UNE TONNE DE TERREAU.
PLANTES GRASSES.
LA VOITURE-DISCOTHÈQUE
SORTIR LES SIÈGES
ALLUMER L'AUTORADIO
S'ENTASSER À 50 OU 60.
LA VOITURE-CHENIL
CHIENS
FENÊTRE ENTRE-OUVERTE.
SOLEIL BRÛLANT
BARREAUX MÉTALLIQUES
LA VOITURE-NURSERY.
ENFANTS
SOLEIL BRÛLANT
BARREAUX EN BOIS.
LA VOITURE-MECANO
PIÈCES DÉTACHÉES.
MANUEL DU CONSTRUCTEUR
CAMBOUIS
SANS VOULOIR FAIRE DE VOUS DES AUTOMOBILISTES À TOUT PRIX, AVOUEZ TOUT DE MÊME QUE L'ON PEUT EN FAIRE DES CHOSES AVEC UNE VOITURE.
ON PEUT AUSSI DRAGUER.
ET NOUS ATTEIGNONS LÀ LE COEUR DE LA QUESTION...

UN INDISPENSABLE AUXILIAIRE DE LA SÉDUCTION MASCULINE
TOUT HOMME QUI TIENT UN VOLANT ENTRE SES MAINS A PLEINEMENT SA CHANCE DE SÉDUIRE UNE FEMME.
TOUS LES ESPOIRS SONT PERMIS.
MÊME POUR EUX?
POLICE
BOUCHERIE DUVAL
MÊME POUR EUX! SEULEMENT, TOUT LE MONDE NE SÉDUIRA PAS N'IMPORTE QUI. SELON LA VOITURE QUE VOUS CONDUISEZ, VOUS EXPRIMEZ UN MESSAGE SPÉCIFIQUE...
AU VOLANT D'UN BREAK OU D'UN CAMPING-CAR, LE MESSAGE QUE VOUS FAITES PASSER EST :
JE SUIS MARIÉ ET PÈRE DE 4 ENFANTS, MAIS JE N'AURAI RIEN CONTRE UN PETIT ACCOUPLEMENT CRAPULEUX.
Lyon
AU VOLANT D'UN 4X4 :
JE VAIS T'EXPLORER LES DUNES, CHÉRIE, ET ÇA VA FAIRE TRÈS MAL. JE SUIS LE ROI DU TOUT TERRAIN, AVEC MOI ÇA PASSE OU ÇA CASSE!
AU VOLANT D'UNE VOITURE DE SPORT :
TROP VITE - TROP VITE - TROP VITE.
?
IL FAUT LE SAVOIR, POUR UNE FEMME, FERRARI EST TROP SOUVENT SYNONYME D'ÉJACULATION PRÉCOCE.
AU VOLANT D'UN "VEAU", DAF AUTOMATIQUE OU VIEILLE OPEL :
?
PRÊT PRÊT!
MANQUE DE REPRISE, SUSPENSIONS MOLLES, LE TYPE DOIT ÊTRE PLUTÔT FLANELLE AU PLUMARD.
AU VOLANT D'UNE SIMCA :
CLANG
BLING
LA FILLE VA TOUT DE SUITE COMPRENDRE QUE VOUS VOULEZ LUI FAIRE LE COUP DE LA PANNE.
CAR, OSONS LE DIRE, LE COUP DE LA PANNE EST UNE VIEILLE SPÉCIALITÉ AUTOMOBILE ET MASCULINE.
UNE SACRÉE FICHUE COMBINE ÉPATANTE...

COMMENT FAIRE LE COUP DE LA PANNE ?
N'IMPORTE QUEL HOMME PEUT-IL FAIRE LE COUP DE LA PANNE DANS N'IMPORTE QUELLE VOITURE COMME ÇA, D'INSTINCT, SANS AUCUNE PRÉPARATION ?
NON, SURTOUT PAS !
PRENEZ UNE VOITURE ADAPTÉE À LA SITUATION.
mauvaise voiture
bonne voiture
CHOISISSEZ AVEC SOIN L'ENDROIT ET LE MOMENT DE LA PANNE :
MAUVAIS ENDROIT
TREUF TEUF
PAF !
BON ENDROIT
TEUF
Piouf
SOYEZ CONVAINCANT :
TIENS ! ON EST EN PANNE.
CLIK CLIK
PAS CONVAINCANT
BON SANG, C'EST ENCORE CETTE FOUTUE TÊTE DE DELCO !
CONVAINCANT
RUEZ-VOUS SUR VOTRE PASSAGÈRE AVEC DEXTÉRITÉ :
?
HUMPF !
MAUVAISE DEXTÉRITÉ.
BONNE DEXTÉRITÉ.
ÊTES-VOUS CONVAINCUS PAR TOUT CE QUE L'ON PEUT FAIRE DE CHOUETTE DANS UNE VOITURE ? OUI ? ALORS IL VA FALLOIR QUE VOUS APPRENIEZ À LA CONDUIRE, CAR UNE AUTO, INCROYABLE MAIS VRAI, C'EST MOBILE.

APPRENEZ À CONDUIRE EN DIX MINUTES
CONDUIRE EST AUJOURD'HUI UN INSTINCT, TRANSMIS DE GÉNÉRATION EN GÉNÉRATION, DE PÈRE EN FILS. C'EST D'AILLEURS POUR CELA QU'ON PARLE SOUVENT DE FILS CONDUCTEURS.
DEUX MÉTHODES DE CONDUITE SONT CONNUES À CE JOUR : LA PROCÉDURE NORMALE.
RÉSUMONS : 1) MONTER
2) BRAS SUR LE VOLANT À 10H10.
3) CEINTURE
4) RETROS.
5) POINT MORT.
6) DÉMARRER
7) EMBRAYER PREMIÈRE.
8) CLIGNOTANT
9) LÂCHER L'EMBRAYAGE EN ACCÉLÉRANT.
LA VOITURE DÉMARRE.
ON VOIT QUE LA PROCÉDURE NORMALE REQUIERT DES NERFS D'ACIER, SURTOUT QUAND ON EST PRESSÉ.
LA PROCÉDURE RAPIDE.
1) DÉMARREZ
2) DÉBOITEZ
LA PROCÉDURE RAPIDE REQUIERT ÉGALEMENT DES NERFS D'ACIER UNE FOIS DANS LE FLOT DE LA CIRCULATION.
FAUT-IL LIRE LE CODE DE LA ROUTE ? EN PROCÉDURE NORMALE ? OUI.
CODE DE LA ROUTE
EN PROCÉDURE RAPIDE, UN RÉSUMÉ SUFFIT...
RÉSUMÉ DU CODE DE LA ROUTE : 1. IL EST PERMIS DE DÉPASSER UN TRAMWAY PAR LA DROITE.
À CONDITION DE TROUVER UN TRAMWAY.
2. UN CONDUCTEUR DOIT RESTER MAÎTRE DE SON VÉHICULE.
BLING
BLONG
DI...
DJU !!
S'IL ROULE EN SIMCA, IL S'EFFORCE SEULEMENT DE LIMITER LA CASSE.
3) INTERDICTION DE KLAXONNER EN VILLE.
?
TONN
PROÏIN
TUT
POÏIN
SAUF SI UN SALOPARD GARÉ EN DOUBLE FILE VOUS EMPÊCHE DE DÉMARRER.
4) INTERDICTION D'ÉCRASER UN PIÉTON SUR UN PASSAGE PROTÉGÉ.
BRÔÔ
BROO
ATTENDEZ QU'IL METTE UN PIED HORS DES CLOUS POUR LE PERCUTER PAR SURPRISE.
5) INTERDICTION DE FRANCHIR UNE LIGNE BLANCHE DEVANT UN GENDARME.
VROOO
CE SERAIT UNE PROVOCATION STUPIDE.
ET ENFIN, IL EST DÉFENDU DE ME PIQUER MA PLACE SI C'EST MOI QUI L'AI VU LE PREMIER.

LES HUIT RÈGLES D'OR AU VOLANT
QUE TOUT AUTOMOBILISTE DIGNE DE CE NOM DOIT CONNAÎTRE.
1) NE PAS BOIRE EN CONDUISANT
MOI J'AI BU AVANT, C'EST PLUS SÛR. HIPS!
TUT!
2) NE PAS MANGER EN CONDUISANT
MOI J'AI MANGÉ AVANT, C'EST PLUS...
BEUURK
3) NE PAS DORMIR EN CONDUISANT
J'VAIS M'GÊNER! AU PRIX OÙ J'AI PAYÉ LES SIÈGES COUCHETTE!
4) NE PAS ENCLENCHER LA MARCHE ARRIÈRE LORSQU'ON ROULE À PLUS DE 70 KM/H
ET QUAND ON ROULE EN MARCHE ARRIÈRE À 70, ON PEUT ENCLENCHER LA PREMIÈRE?
?
5) NE PAS SE LAVER EN CONDUISANT.
DOMMAGE, C'ÉTAIT PRATIQUE! EN VIRANT LE PARE-BRISE, LE LAVE-GLACE ME SERT DE DOUCHE!
VLOUF
6) NE PAS CONDUIRE AVEC LES PIEDS.
MOI JE CONDUIS COMME UN PIED, ET ÇA C'EST AUTORISÉ!
STOP
VROOO
7) NE JAMAIS CONDUIRE UNE SIMCA, MÊME À JEUN.
MÊME UNE SIMCA NEUVE.
BOUH OUH!
8) NE JAMAIS OUBLIER DE DÉBOUCLER SA CEINTURE DE SÉCURITÉ AVANT DE DESCENDRE.
?
J'FAIS C'QUE J'VEUX!! C'EST MA VOITURE!
N'OUBLIEZ PAS NON PLUS QU'ON NE DOIT JAMAIS APPUYER SIMULTANÉMENT SUR LE FREIN, L'EMBRAYAGE ET L'ACCÉLÉRATEUR, D'AUTANT QUE CETTE MANOEUVRE EST COMPLEXE À EFFECTUER, CAR ELLE NÉCESSITE TROIS PIEDS...

le GUIDE de self control à l'usage DES FEMMES de CONDUCTEURS
éditions Vents d'Ouest
CHÈRE FEMME DE CONDUCTEUR, SI EN CIRCULANT AVEC VOTRE MARI, VOUS ÉPROUVEZ LE BESOIN DE FAIRE UN COMMENTAIRE, CONSULTEZ CE GUIDE QUI VOUS EST SPÉCIALEMENT DESTINÉ.
VOTRE MARI ROULE À 160 SUR UNE ROUTE LIMITÉE À 90. NE DITES PAS :
BRÔÔÔ
MOINS VITE CHÉRI, LES ENFANTS ONT PEUR.
DITES : J'AI CRU VOIR UN RADAR.
VOTRE MARI NE SEMBLE PAS REMARQUER QUE LA VOITURE DE DEVANT FREINE. NE DITES PAS :
ATTENTION FREINE !!
AU SECOURS !
DITES : C'EST QUOI, CES FEUX ROUGES À L'ARRIÈRE DE CETTE VOITURE ? (À DIRE VITE QUAND MÊME.)
BLOQUÉ DANS UN EMBOUTEILLAGE AU RETOUR DU WEEK-END, VOTRE MARI INSULTE UN AUTRE CONDUCTEUR. NE DITES PAS :
MAIS LAISSE-LE ! IL NE T'A RIEN FAIT CE TYPE !
DITES : T'AS RAISON, MON GROS NOUNOURS ! TIENS, VOILÀ TON CRIC !
VOTRE MARI NE S'ARRÊTE PAS À LA STATION SERVICE ALORS QUE LE RÉSERVOIR EST PRESQUE À SEC. NE DITES PAS :
C'EST EXPRÈS QU'ON NE FAIT PAS LE PLEIN ?
DITES : NE DITES RIEN. (DE TOUTE FAÇON, C'EST LUI QUI POUSSERA.)
ALORS QUE VOTRE MARI HURLE PARCEQUE LES ENFANTS SONT INNOCEMMENT EN TRAIN DE BRAILLER. NE DITES PAS :
ASSASSIN ! SADIQUE ! BOURREAU D'ENFANTS.
ATTENTION, ÇA FREINE !
DITES : LAISSE CHÉRI, JE VAIS LES FRAPPER MOI-MÊME
SI VOTRE MARI VOUS DEMANDE SI VOUS VOULEZ LE VOLANT PUISQUE VOUS ÊTES SI MALIGNE. NE DITES PAS :
C'EST PAS DE REFUS CONNARD !!
DITES : MAIS NON, MON AMOUR, TU SAIS BIEN QUE TU ES LE MEILLEUR CONDUCTEUR DU MONDE.
CERTAINES LECTRICES OBJECTERONT QUE TOUT ÇA N'EST QU'UN TISSU DE BASSESSES INDIGNES D'UN COUPLE MODERNE. ELLES N'ONT PAS TORT, MAIS SONGEZ QU'UN MARI À BOUT DE NERFS AU VOLANT N'A RIEN À VOIR AVEC LE CHIC GARÇON QU'ELLES ONT TRAÎNÉ DEVANT MONSIEUR LE MAIRE...

DANS L'ENFER DE LA JUNGLE URBAINE
TOUS CES CHICS TYPES QUI SE SERVENT TOUS DE LEUR VOITURE À LA MÊME HEURE, PROVOQUENT CE FLÉAU INTOLÉRABLE DONT LE NOM SEUL FAIT SERRER LES POINGS : L'EMBOUTEILLAGE.
CESSONS DE BRANDIR L'ÉTENDARD DE LA RÉVOLTE ET INTERROGEONS-NOUS. N'AVONS-NOUS PAS NOTRE PART DE RESPONSABILITÉ DANS LES EMBOUTEILLAGES ?
HALTE AUX STOPS
POUR QUE ÇA BOUGE PLUS DE FEUX ROUGES
MANIFS BOXIF
EH BIEN SI. DES BREBIS GALEUSES SE SONT GLISSÉES PARMI NOUS ET EMPÊCHENT LE TROUPEAU D'AVANCER. DÉSIGNONS LES COUPABLES.
LES LIVREURS : LEURS VÉHICULES NE LEUR APPARTIENNENT PAS, C'EST CE QUI LES REND REDOUTABLES. SPÉCIALISTES DE L'ARRÊT BRUTAL ET INTERMINABLE, LES LIVREURS LIVRENT.
TUT TUT
EH, JE TRAVAILLE, MOI, CONNARD !
VIDEOME
VOUS, LE CONNARD, VOUS NE TRAVAILLEZ PAS. DANS L'UNIVERS MENTAL DU LIVREUR, VOUS ÊTES SEULEMENT LÀ POUR KLAXONNER.
LES TÉLÉPHONOMANIAQUES DÉMONTRENT CHAQUE JOUR QU'IL EST IMPOSSIBLE DE CONDUIRE D'UNE MAIN ET TÉLÉPHONER DE L'AUTRE.
OUI... OUI... JE TRAVAILLE.
TUUT TUT
LE PIRE, C'EST QU'ON NE PEUT MÊME PAS LEUR TÉLÉPHONER POUR LEUR DIRE D'AVANCER : LA LIGNE EST TOUJOURS OCCUPÉE.
LES QUATRE-QUATRISTES BOUCHENT LA VUE. PAS MOYEN DE SAVOIR SI L'EMBOUTEILLAGE EST DÛ À UN LIVREUR OU À UN TÉLÉPHONOMANIAQUE OU SI C'EST SEULEMENT UN VIEUX QUI S'EST FAIT RENVERSER.
TUT TUT
PARIS DAKAR
MAIS QU'ILS Y AILLENT, À DAKAR, BORDEL ! ET SURTOUT, QU'ILS Y RESTENT !
LES CONDUCTEURS DU DIMANCHE PRENNENT LE VOLANT APRÈS UNE SEMAINE DE MÉTRO, ALORS, FATALEMENT, ILS N'ONT PAS LES RÉFLEXES.
REGARDE ! C'EST LÀ QUE JE TRAVAILLE !
TUT
TOÏN
CONSOLATION : ILS NE SÉVISSENT QUE LE DIMANCHE ET LE SAMEDI. EN EFFET, LES CONDUCTEURS DU DIMANCHE ROULENT AUSSI LE SAMEDI. C'EST EXTRÊMEMENT CURIEUX.
SI VOUS ÊTES L'UN DE CES CAVALIERS DE L'APOCALYPSE URBAINE, NE VOUS DÉCOURAGEZ PAS ! POUR QUE VOUS PROFITIEZ PLEINEMENT DE VOTRE VÉHICULE, AU FOND, IL SUFFIRAIT QUE LES AUTRES RENONCENT AU LEUR. COMMENT LES FAIRE RENONCER ? EN NE RENONÇANT PAS VOUS-MÊME !!
TENEZ-BON !

AMENDES ET P.V
NOUS L'AVONS VU, ON EMPÊCHE L'AUTOMOBILISTE CITADIN DE ROULER. MAIS IL Y A PIRE : ON L'EMPÊCHE AUSSI DE S'ARRÊTER !
RIEN N'EST ÉPARGNÉ À CELUI QUI CHERCHE UNE PLACE.
RUE PIÉTONNE
VERBOTEN
PASSEZ VOTRE CHEMIN
ET QUAND, APRÈS AVOIR TOURNÉ DES HEURES, IL S'ARRÊTE N'IMPORTE OÙ, SUR UN TROTTOIR, EN DOUBLE FILE... AUSSITÔT, COMME DANS UN CAUCHEMAR, ...
D'UNE ENCOIGNURE DE PORTE...
... SURGIT LA FIGURE SINISTRE D'UNE CONTRACTUELLE.
RECRUTÉES POUR LEUR CRUAUTÉ.
FERVENTES ADMIRATRICES DE LA POLICE.
DRESSENT DES P.V À LA MOINDRE INCARTADE.
ENVOIENT VOTRE VOITURE À LA FOURRIÈRE.
MAIS ALORS QUE FAIRE ? NE PEUT-ON AU MOINS RÉSISTER ? SI BIEN SÛR.
COMMENT DIALOGUER AVEC UNE CONTRACTUELLE ? DITES :
MA MÈRE ÉTAIT CONTRACTUELLE.
UN MÉTIER FABULEUX !
VOTRE UNIFORME EST TRÈS CHIC.
VOUS ÊTES ABSOLUMENT RAVISSANTE.
C'EST À VOUS CES JOLIS PETITS SEINS ?
ON PEUT TOUCHER ? HA HA.
NE DITES PAS :
J'AI LE BRAS LONG, VOUS ENTENDREZ PARLER DE MOI !!
JE SUIS LE MEILLEUR AMI DU MINISTRE DE L'INTÉRIEUR.
JE SUIS SA MÈRE !
JE SUIS LE MINISTRE DE L'INTÉRIEUR.
DIS, T'AS TES RÈGLES OU QUOI, MAL BAISÉE ?
COMMENT ÉVITER AMENDES ET P.V ? GRÂCE À CES QUELQUES ARTIFICES SUSCEPTIBLES D'ATTENDRIR LA CONTRACTUELLE :
CADUCÉE
KÉPI
AUTO-COLLANT
♥ Les Gendarmes
COMMENT NE PAS PAYER SES AMENDES ? SI VOUS N'AVEZ PAS D'AMI BIEN PLACÉ À LA PRÉFECTURE, ENVOYEZ VOS P.V À :
BRIGADIER Patrick PRUNE
18 Rue de la CONTREDANSE
63760 DEPASSE-LES-BORNES
ET DITES-LUI BIEN QUE C'EST DE NOTRE PART. IL FERA LE NÉCESSAIRE.
CONSEIL POUR STATIONNER IMPUNÉMENT SUR UN PASSAGE CLOUTÉ : AYEZ AVEC VOUS UN POT DE GOUDRON BRÛLANT. DISCRÈTEMENT, RÉPANDEZ LE GOUDRON SUR LES CLOUS, DE MANIÈRE À LES FAIRE DISPARAÎTRE, NI VU, NI CONNU ! VOUS ÊTES PARFAITEMENT GARÉ.

QUELQUES AUTRES ENNEMIS.
EN PLUS DES AUTRES AUTOMOBILISTES, IL Y A TOUTE UNE FAUNE QUI OSE SE METTRE SUR LA ROUTE DU CONDUCTEUR CITADIN...
LE PIGEON : RETRANCHÉ DANS LES ARBRES OU IL AIME SE TENIR POUR DES RAISONS CONNUES DE LUI SEUL, LE PIGEON DÉFÈQUE SUR LES VOITURES.
T'AS GARÉ TA VOITURE SOUS UN ARBRE ?
NON NON, C'EST LA SÉRIE SPÉCIALE "PIGEONNIER".
NOTRE CONSEIL : LIRE NOTRE GUIDE DE SELF-CONTROL À L'USAGE DES ORNITHOLOGUES.
LE VANDALE : IL RÔDE, CRÈVE LES PNEUS, ARRACHE RÉTROS, PARE-BRISE, PARE-CHOCS, AILES, SIÈGES, IL RAYE LES CARROSSERIES AVEC SES CLÉS ! LE SALAUD !
ON T'A BOUSILLÉ TA VOITURE ?
NON NON, C'EST LA SÉRIE SPÉCIALE "CAISSE POURRIE".
NOTRE CONSEIL : AYEZ UNE VOITURE MOCHE OU CAMOUFLEZ-LA SOUS UNE ÉPAISSEUR DE CRASSE. MIEUX : CONFIEZ-LA UNE DEMI-JOURNÉE À DES PIGEONS.
LE VOLEUR : IL ADORE LES BELLES VOITURES POUR LES VOLER, LE SALAUD !
ON T'A PIQUÉ TA BAGNOLE ?
NON NON, C'EST LA SÉRIE SPÉCIALE VOITURE "INVISIBLE".
NOTRE CONSEIL : PROTÉGEZ-VOUS EN ACHETANT UN BOX BLINDÉ, SIX BERGERS ALLEMANDS ET UNE ALARME.
LE PETIT VOLEUR : IL NE S'EN PREND QU'AUX AUTORADIOS, MAIS IL FRACTURE LES PORTIÈRES POUR S'EN EMPARER.
ON T'A PIQUÉ TES PORTIÈRES ?
NON NON, JE LES AI VIRÉES, COMME ÇA ON NE ME LES BOUSILLE PLUS POUR ME PIQUER L'AUTORADIO.
NOTRE CONSEIL : ÉVITEZ AUSSI LES TOITS OUVRANTS QUI PEUVENT TENTER CERTAINS MONTE-EN-L'AIR.
LES PLOTS SUR LES TROTTOIRS : ILS SONT BEL ET BIEN LÀ POUR VOUS EMPÊCHER DE VOUS GARER SUR LES TROTTOIRS.
?
NOTRE CONSEIL : VENGEZ-VOUS, DISPOSEZ DU BARBELÉ EN TRAVERS DE LA RUE POUR EMPÊCHER LES PIÉTONS DE TRAVERSER.
LE PARCMÈTRE : ENCORE UN PROCÉDÉ DÉLOYAL, ENCORE UNE AGRESSION IGNOBLE.
VRAC
WAAH !
NOTRE CONSEIL : ON PEUT LE DÉTRUIRE EN L'ENDUISANT DE GOUDRON BRÛLANT (S'IL VOUS EN RESTE).

LE FEU CLIGNOTANT ORANGE : IL VOUS DIT "ALLEZ, PASSE, INUTILE DE T'ARRÊTER" ET IL DIT LA MÊME CHOSE AU PAUVRE TYPE QUI ARRIVE DE LA DROITE OU DE LA GAUCHE
C'EST À CAUSE DU FEU CLIGNOTANT.
PAS DU TOUT ! MOI J'AI GRILLÉ LE FEU ROUGE...
ET LUI, STATIONNAIT AU MILIEU DU CARREFOUR
NOTRE CONSEIL : PASSEZ ENCORE PLUS VITE LES CARREFOURS POUR ÉVITER LES AUTRES VOITURES.
LE DEUX-ROUES : IL SE FAUFILE ENTRE LES VOITURES UN JOUR OU L'AUTRE, FORCÉMENT, IL FINIT PAR SE FAUFILER SOUS VOS PNEUS, ET COUIC.
MOI AUSSI, J'ME FAUFILE, MAIS J'RISQUE PAS D'GLISSER SOUS UNE BAGNOLE.
VROC
BRAT
NOTRE AVIS : EN VILLE, LE SEUL DEUX-ROUES VALABLE EST CELUI QUI ROULE SUR LES TROTTOIRS.
LE COURSIER : IL SURGIT EN SENS INTERDIT, À UNE ALLURE FOLLE, ON PEUT MÊME L'IDENTIFIER AU BRUIT.
BROOA
BLONG !
NOTRE CONSEIL : NE PROTESTEZ PAS, IL VOUS FERAIT UN GESTE OBSCÈNE.
LE PIÉTON : COMME LE RAPPELLE LE CODE DE LA ROUTE, "UN PIÉTON DOIT SAVOIR ET COMPRENDRE QU'UNE VOITURE NE PEUT S'ARRÊTER PILE"...
DU CALME ! C'EST DANS LA COMPRÉHENSION MUTUELLE, QU'UN DIALOGUE CONSTRUCTIF POURRA S'ÉTABLIR !
NOTRE AVIS : LE CODE AURAIT PU AUSSI LEUR RECOMMANDER DE NE PAS EN FAIRE TOUT UN PLAT À CHAQUE FOIS QU'ILS SE RETROUVENT PROJETÉS AU SOL PAR UNE VOITURE.
LA FEMME AU VOLANT : NOUS SOMMES PERSUADÉS QUE LES FEMMES CONDUISENT PLUS PRUDEMMENT QUE LES HOMMES...
NOTRE AVIS : CRÉONS DES ZONES RÉSERVÉES AUX FEMMES, OÙ ELLES POURRONT SE GARER N'IMPORTE OÙ, PILER COMME DES FOLLES, BREF, FAIRE N'IMPORTE QUOI, COMME D'HABITUDE.
LA TENTATION DE LA CHAIR : L'HOMME AU VOLANT EST SOUMIS À UN HARCÈLEMENT SEXUEL PERMANENT. D'OÙ CERTAINS MANQUES D'ATTENTION...
3615 LULU
APPELS
ONE SEX
NOTRE CONSEIL : ROULEZ VITE EN REGARDANT OBSTINÉMENT LE BOUT DE VOS CHAUSSURES.
L'IMMATRICULÉ 78 : POURQUOI LES AUTOMOBILISTES DES YVELINES CONDUISENT-ILS COMME DES PIEDS ? C'EST UNE DES GRANDES ÉNIGMES DE L'AVENTURE AUTOMOBILE.
FAUT RECONNAÎTRE QU'ON N'EST PAS FORTS !
QUAND VOUS EN VOYEZ UN, DITES-VOUS BIEN QUE LUI NE VOUS A PAS VU, ET QU'IL Y A DE GRANDES CHANCES POUR QU'IL VOUS RENTRE DEDANS.
BIEN ENTENDU, SI VOUS VENEZ À CROISER UNE FEMME COURSIER IMMATRICULÉE 78, PASSEZ VITE VOTRE CHEMIN.
BONNE CHANCE À TOUS.

AU PARADIS DU CHOC FRONTAL
OSONS LE DIRE : ROULER EN VILLE EST UNE VÉRITABLE RIGOLADE À CÔTÉ DE LA CONDUITE À LA CAMPAGNE.
VOUS AVEZ ÉTÉ INVITÉ PAR DES AMIS À MONTIGNY-LE-BRETONNEUX...
... DIRECTION ORLÉANS, SORTIE MAUBEUGE, BLA BLA. D 26... SAINT-MARTIN-DES-PRÉS... BLABLA TOUT DROIT... ARBRE MORT À GAUCHE, TU PEUX PAS RATER.
D26 ! ARBRE MORT ! VOS AMIS VOUS ONT ATTIRÉ À LA CAMPAGNE !
À LA CAMPAGNE, ON SE PERD ! PAS DE D26, PAS D'ARBRE MORT, QUE FAIRE ? DEMANDER VOTRE CHEMIN À UN INDIGÈNE...
MONTCHY-L'BROUN ? TÉ DRÉ GNOUFCHNEUM, POR LO...
?
VOUS RÉALISEZ QUE VOUS ÊTES FOUTU.
OU CONSULTEZ UNE CARTE ROUTIÈRE
BON, ORLÉANS... NON ÇA C'EST STRASBOURG...
ALORS ? JE PRENDS À DROITE, LÀ ? HEIN ? À DROITE ?
C'ÉTAIT À GAUCHE, VOUS ÊTES FOUTU.
À LA CAMPAGNE, ON TOMBE EN PANNE
C'EST LA PANNE ?
C'EST LA MERDE !
ET MÊME SANS PANNE, ON PEUT RESTER COINCÉ, CAR IL N'Y A PAS D'ESSENCE DANS LES CAMPAGNES ! JUSTE DU GAZOLE OU DU FUEL. DES TRUCS INFÂMES À VOUS PÉTER LE MOTEUR.
À LA CAMPAGNE, ON SE TUE !
QUEL EST... EURK... L'ABRUTI QU'A FOUTU TOUS CES ERK... ARBRES LE LONG DE... LA ROUTE ? EEUUURK...
SUR LES ROUTES DE CAMPAGNE, ON TROUVE TOUTES SORTES D'OBSTACLES INSENSÉS, PLACÉS LÀ TOUT EXPRÈS POUR EMPLÂTRER LE CITADIN ET DISTRAIRE LE LABOUREUR.
QUEL OBSTACLE VENEZ-VOUS DE RENCONTRER ?
BLAOONG !
UNE VACHE QUI BROUTE AU MILIEU DE LA ROUTE.
SPLATCH !
UN CHIEN QUI JAILLIT D'UNE COUR DE FERME.
CRIIICHHHSKABONG !
UNE BETTERAVE QUI POURRIT DANS UN VIRAGE.
BANG ! BANG !
UNE DÉCHARGE DE CHEVROTINES.
SACHEZ ENFIN QU'IL N'Y A QU'À LA CAMPAGNE QU'ON TROUVE DES ROUTES À TROIS VOIES : UNE POUR LA CIRCULATION MONTANTE, UNE POUR LA CIRCULATION DESCENDANTE ET LA TROISIÈME, AU MILIEU, POUR LE CHOC FRONTAL !

SACHEZ LES RECONNAÎTRE
LA PLAQUE D'IMMATRICULATION, ON LE SAIT, EST DESTINÉE À METTRE EN GARDE LES USAGERS DE LA ROUTE EN LES RENSEIGNANT SUR LA PROVENANCE DES VÉHICULES QUI LES PRÉCÈDENT OU QU'ILS CROISENT.
2222 KC 78
78 : COMPORTEMENT IMPRÉVISIBLE MAIS FORCÉMENT DÉMENT.
2222 AA 14
14 : NORMAND DU CALVADOS IVRE-MORT ET FARCEUR EN VIRÉE DU SAMEDI SOIR. DANGER.
GTI
2222 AB 31
GTi : POINTES DE VITESSE IMPRESSIONNANTES.
2222 DCD 84
DCD : BRUSQUES ÉCARTS MEURTRIERS.
90
2222 BA 27
27, 90 : NORMAND DÉBUTANT : INDÉCISION MAXIMUM.
2222 GRR 2A
GTi
2A, GTi : CORSE TURBO SUPER NERVEUX : LUI PARLER POLIMENT.
GIG
2222 TNT 74
GIG SAVOYARD RESCAPÉ DU MAQUIS DES GLIÈRES. SE MÉFIER SI ON PILOTE UNE VOITURE ALLEMANDE.
ALLEZ L'OM
2222 OM 13
13, OM : SUPPORTER MARSEILLAIS. ATTENTION AUX JETS DE CANETTES. EN CAS D'ACCROCHAGE, GARE AUX FAUSSES FACTURES.
DAKAR
Good year
2222 BCBG 92
DAKAR, 92 : JEUNE CON DE NEUILLY LUI FAIRE UNE QUEUE DE POISSON.
Simca
2222 CGT 59
SIMCA, 56 : CHÔMEUR DU NORD. ANCIEN MINEUR. SIDÉRURGISTE. GLISSEZ-LUI LA PIÈCE.
DANS LES AUTRES CAS DE HANDICAPS RÉGIONAUX DU GENRE CRÉTIN DES ALPES OU PARIGOT-TÊTE DE VEAU, LE DANGER EST À SON COMBLE.

QUELQUES AUTRES ENNEMIS DE LA CONDUITE À LA CAMPAGNE
AUXQUELS, AVEC LA MEILLEURE VOLONTÉ DU MONDE, VOUS AUREZ BIEN DU MAL À ÉCHAPPER.
LES ACCOTEMENTS NON STABILISÉS : LA CAMPAGNE IGNORE LE TROTTOIR, MÉPRISE LE BITUME ET RENÂCLE AU GOUDRON.
ILS APPELLENT ÇA UN ACCOTEMENT NON STABILISÉ EUX ?
AU LIEU DE RÂLER, VIENS ME RETIRER LE TÊTARD QUE J'AI SUR LA TÊTE, GLOUB !
LES TROUPEAUX DE BÊTES : IL EXISTE TOUTES SORTES DE BÊTES À LA CAMPAGNE, ET TOUTE CETTE BANDE SE PROMÈNE EN GROUPE.
ET MA MOYENNE, HEIN, IL EN FAIT QUOI DE MA MOYENNE ?
MÊÊÊ
MÊÊÊÊ
LES HORDES D'ANIMAUX QUI JAILLISSENT DE LA FORÊT :
CATÉGORIE 1 : LES IDIOTS AFFOLÉS.
RATÉ ! C'EST PAS UN LAPIN. C'EST UN CHAT !
TANT PIS ! ON ACHÈTERA QUAND MÊME DES PRUNEAUX !
COUIC
CATÉGORIE 2 : LES TEIGNEUX QUI CHARGENT.
RATÉ ! C'EST PAS UN SANGLIER, C'EST UN RHINOCÉROS !
TANT PIS ! ON SE BARRE QUAND MÊME EN COURANT !
LE CAS PARTICULIER DU HÉRISSON : DES MILLIERS DE PNEUS AYANT RENDU L'ÂME, VICTIMES DES DARDS ACÉRÉS DE CETTE PELOTE D'ÉPINGLES À PATTES, NOS FABRICANTS DE PNEUS ONT MIS AU POINT DES PROJETS POUR EN VENIR À BOUT.
PROJET UNIROYAL 223F : LE PNEU À MARTEAU.
IIIIIK
PROJET MICHELIN MXT 76 : LE CHASSE-HÉRISSON « WESTERN ».
LES ÉTRANGERS : ILS SONT REDOUTABLES CAR ENCORE PLUS PERDUS QUE VOUS. ON DISTINGUE ENTRE AUTRES :
L'ALLEMAND QUI CHERCHE SON ANCIEN BUNKER LE LONG DE LA CÔTE NORMANDE.
L'ITALIEN QUI SILLONNE LA CÔTE D'AZUR EN KLAXONNANT LES FILLES.
ET LES BELGES, MAIS QU'ON NE COMPTE PAS SUR NOUS POUR EN DIRE DU MAL. (FAITES GAFFE QUAND MÊME.

LES TRACTEURS : FOLKLORIQUES EN DIABLE, LES TRACTEURS SONT DE GROS ENGINS TORDANTS... SAUF QUAND ILS ROULENT DEVANT VOUS.
IL EST BEAU LE TRACTEUR HEIN PAPA ?
SPLATCH
SPLATCH
TU PARLES S'IL EST BEAU ! À 15 KM/H, ON A LE TEMPS DE L'ADMIRER.
LE 78 : IL EST REDOUTABLE QUAND IL EST ENTRE VOUS ET LE TRACTEUR, CAR SA LÉGENDAIRE ABSENCE DE RÉFLEXE L'EMPÊCHE DE SAISIR L'OPPORTUNITÉ DE DOUBLER.
PAPA ! J'VOIS PAS L'TRACTEUR !
TANT MIEUX ! C'EST LE 78 QUI SE PREND TOUTE LA MERDE !
LE BAL DU SAMEDI SOIR : À LA CAMPAGNE, L'HORREUR EST À SON COMBLE LE SAMEDI SOIR. CAR CE JOUR LÀ, LE RURAL NE REGARDE PAS LA TÉLÉ, IL VA AU BAL.
QUAND JE PENSE À FERNANDE...
PIRE ENCORE ! DES FOIS IL VA AU BAL EN TRACTEUR !
L'AUTO-STOPPEUR : ENCORE UNE FOIS, TYPIQUE CAMPAGNE. ON NE TROUVE POUR AINSI DIRE JAMAIS D'AUTO-STOPPEURS EN VILLE.
C'EST SYMPA DE VOUS ÊTRE ARRÊTÉ.
C'EST LA MOINDRE DES CHOSES, VOUS ALLEZ OÙ ?
À CHARENTENAY SUR BETTERAVE ET VOUS ?
MOI, J'CROIS QU'J'VAIS RESTER LÀ UN MOMENT...
ET UNE FOIS MONTÉ À BORD...
VOUS VOULOIR MORCEAU DE MUNSTER ?
AAAH ! C'ÉTAIT DONC ÇA L'ODEUR !
COMMENT ÉVITER CES INCONVÉNIENTS ? EN NE S'ARRÊTANT PAS, COMME LES AUTRES.
LE GENDARME : IL EN EXISTE DEUX SORTES.
1 : LE GENDARME QUI SE CACHE.
VROOO
FREINE ! J'VOIS UN BOUT DE GENDARME !
TROP TARD ! ILS ONT DÛ METTRE LE RADAR 1KM AVANT !
2 : LE GENDARME QUI VOUS POURCHASSE.
SPLAFF
VRRR
ET HOP ! FINI LE MOTARD ! À PU MOTARD !!
RIONS AVEC LES GENDARMES : DÈS QUE VOUS REPÉREZ DES GENDARMES, CONDUISEZ EN FAISANT SEMBLANT D'ÊTRE IVRE. ON VOUS FERA SOUFFLER DANS L'ALCOOTEST. ET LÀ, SURPRISE : RÉSULTAT NÉGATIF ! LES GENDARMES SONT COUILLONNÉS, HA HA ! ESSAYEZ, VOUS VERREZ, C'EST IRRÉSISTIBLE.

* POUR BIEN S'ENGUEULER, CONSULTER LE GUIDE DU JEUNE COUPLE EN B.D.

LES ENNEMIS DE LA CONDUITE SUR AUTOROUTE
AUTANT VOUS LE DIRE CARRÉMENT, CONDUIRE SUR AUTOROUTE N'EST PAS SANS RISQUES.
LE VIEUX À CASQUETTE : C'EST UN CONDUCTEUR D'UN AUTRE ÂGE.
GAFFE DEVANT, Y'A UN VIEUX À CASQUETTE !
C'EST PAS UN VIEUX, C'EST UN JEUNE !
UN JEUNE À CASQUETTE ? QU'EST-CE QUE JE FAIS ALORS ?
LE POIDS LOURD : IL BOUCHE LA VUE, BLOQUE LE PASSAGE, SE DOUBLENT MÊME LES UNS LES AUTRES.
GROKU Transport
GAFFE DEVANT, Y'A UN CAMION.
CONDUIT PAR UN VIEUX À CASQUETTE !
GLOUPS !
LE GTISTE : IL A LE REGARD PERÇANT ET UN QI AUSSI BAS QUE LE CHASSIS DE SA VOITURE.
GAFFE DEVANT, Y'A UN GTISTE !!!
T'AURAS QU'À LUI FAIRE UN PIED DE NEZ QUAND JE VAIS LE DOUBLER.
LA PLUIE, LE BROUILLARD, LE SOLEIL, LA NUIT : DANGER ! DANGER ! DANGER ! DANGER !
GAFFE DEVANT, ON NE VOIT RIEN !
T'AS RAISON, JE VAIS FAIRE DEMI-TOUR.
SUR L'AUTOROUTE ?
LE TRIANGLE DE ROCQUENCOURT : UNE DES GRANDES ÉNIGMES DE L'HISTOIRE DES TRANSPORTS, AVEC CELLE DU TRIANGLE DES BERMUDES.
GAFFE DEVANT, Y'A UN BOUCHON !
ENCORE UN GTISTE À CASQUETTE QUI S'EST PLANTÉ !
NOTA : LE TUNNEL SOUS FOURVIÈRE EST LE CONCURRENT LYONNAIS DU TRIANGLE DE ROCQUENCOURT.
LE STEACK HACHÉ DU RESTOROUTE : CE N'EST PAS UNE NOURRITURE DE FILLETTE !
GAFFE DEVANT, Y'A DES ORTIES.
MERCIIIIRK DE ME PRÉVE.... BEEUURK !
ALERTE GÉNÉRALE ! IL Y AURAIT ÉGALEMENT DES IMMATRICULÉS 78 QUI SE SERAIENT INTRODUITS SUR L'AUTOROUTE. SI VOUS LES APERCEVEZ, INFORMEZ IMMÉDIATEMENT LES AUTORITÉS.

INITIATION EXPRESSE À LA CONDUITE SPORT
AVANT TOUT, COMPRENEZ BIEN QUE LA CONDUITE SPORT EST PLUS QU'UNE SIMPLE TECHNIQUE ROUTIÈRE. C'EST UN VÉRITABLE ART DE VIVRE.
PRINCIPES FONDAMENTAUX : LA CONDUITE SPORT N'EST PAS FAITE POUR LES GONZESSES !
BRAABRÔÔ
POSITION DU COBRA : VAUTRÉ, MAIS PRÊT À BONDIR.
BOOO
FAITES GUEULER LE MOTEUR
REGARD D'AIGLE MASQUÉ PAR DES LUNETTES DE SOLEIL.
SOURIRE IRRÉSISTIBLE
MAIN À L'EXTÉRIEUR AVEC GANT DE PÉCARI (LA MOUFLE NE FAIT PAS SPORT).
ET SURTOUT, ACCÉLÉREZ SYSTÉMATIQUEMENT LÀ OÙ LES AUTRES FREINENT.
LES FIGURES IMPOSÉES : PLUS FACILES QU'ON NE LE PENSE.
IIII
ZIII
TREUF
TOF
SBLONG
SBLONG
LE DÉRAPAGE CONTRÔLÉ : TOURNEZ LE VOLANT DU CÔTÉ OÙ S'AMORCE LE DÉRAPAGE.
LE DÉRAPAGE NON CONTRÔLÉ : TOURNEZ LE VOLANT DANS LE SENS CONTRAIRE (AUX AIGUILLES D'UNE MONTRE SI ÇA VOUS FAIT PLAISIR).
LE DOUBLE DÉBRAYAGE : DÉBRAYEZ, REDÉBRAYEZ, VOILÀ, C'EST TOUT BON.
ZOUP
LE DOUBLE ARBRE À CAME EN TÊTE : PROCÉDEZ COMME POUR L'ARBRE À CAME SIMPLE, PUIS RÉPÉTEZ AUSSITÔT LA MANOEUVRE.
ZIII
VROO
ZIII
LE TÊTE-À-QUEUE-DE-POISSON : FAITES UN TÊTE-À-QUEUE ET ENCHAÎNEZ AVEC UNE QUEUE DE POISSON. C'EST ABSOLUMENT IMPARABLE.
N'OUBLIEZ PAS : SI VOUS ÊTES DU GENRE À FREINER AU MOINDRE COUP DUR, SI VOUS AVEZ DU SANG DE POULET DANS LES VEINES, AUTANT RENONCER TOUT DE SUITE.

POUR QUI SONNE LE VERGLAS ?
LA MONTAGNE, AUTANT QUE VOUS LE SACHIEZ, ÇA MONTE OU ÇA DESCEND. PAS D'AUTRE ALTERNATIVE. UN MILIEU EXCESSIVEMENT HOSTILE À L'AUTOMOBILISTE.
À LA MONTAGNE, IL Y A LA NEIGE ET LE VERGLAS. ZZZZIP ! ZOU ! VALSEZ BOLIDES ! SI VOUS N'AVEZ PAS VOS PNEUS À CLOUS, VOUS REDESCENDEZ DIRECT DANS LA VALLÉE.
OUH PUTAIN !
OUH PUTAIN !
VUIII ZIIII
CONSEIL AUX LECTEURS PINGRES : N'ESSAYEZ PAS DE FABRIQUER VOS PNEUS À CLOUS VOUS-MÊMES.
J'FAIS C'QUE J'VEUX !
PFUIIII
PFUIII
À LA MONTAGNE, IL EST CONSEILLÉ DE BOIRE BEAUCOUP DE TISANE LE SOIR AFIN DE POUVOIR REPRENDRE SA VOITURE LE MATIN, CAR :
MOI AUSSI, J'ME LES GÈLE !!
LES SERRURES GÈLENT
LE GAZOLE GÈLE.
LES PARE-BRISE GÈLENT.
ACCORDONS UNE PENSÉE ÉMUE À NOS COMPAGNES QUI SE TROUVENT DANS L'INCAPACITÉ DE POUVOIR DÉGELER SEULES, PAR DES VOIES NATURELLES, SERRURE, GAZOLE ET PARE-BRISE.
CONSEIL : SI VOUS CROISEZ UNE FEMME EN DÉTRESSE DANS LA MONTAGNE, N'HÉSITEZ PAS, MONSIEUR.
MARCHEZ VERS ELLE, SANS CHICHIS INUTILES, VIRILEMENT, FAITES CE QU'ELLE ATTEND DE VOUS...
ELLE APPRÉCIERA CE GESTE DE GENTLEMAN.
C'EST TRÈS AIMABLE À VOUS MESSIEURS, MAIS MON GAZOLE N'EST PAS GELÉ... C'EST UNE VOITURE ÉLECTRIQUE.
ET VOUS AUREZ À NOUVEAU DÉMONTRÉ QUE L'AUTOMOBILISTE EST UN CHEVALIER DES TEMPS MODERNES.
COMME ON LE VOIT, LA MONTAGNE EST UN MILIEU EXCESSIVEMENT HOSTILE À L'AUTOMOBILISTE PIRE QUE LA CAMPAGNE. ENFIN, COMME LA CAMPAGNE, MAIS AVEC LA PENTE EN PLUS.

LES ENNEMIS DE LA CONDUITE EN MONTAGNE
AUTANT VOUS LE DIRE FRANCHEMENT, CONDUIRE EN MONTAGNE N'EST PAS SANS RISQUE...
L'AVALANCHE : UN SIMPLE ÉTERNUEMENT... ET ON DIT ALORS QU'IL Y A AVALANCHE. DU MOINS, LES RESCAPÉS LE DISENT.
UN SIMPLE ÉTERNUEMENT QU'ILS DISAIENT...
J'AI PAS ÉTERNUÉ !
NON, MAIS TU AS MANGÉ DU CASSOULET...
METS LE DÉGIVRAGE.
L'AÉRATION AUSSI.
LE GLISSEMENT DE TERRAIN : LA NEIGE RESTE EN PLACE ; C'EST LA ROUTE QUI FICHE LE CAMP. EXTRÊMEMENT SPECTACULAIRE.
JE TE DIS QUE JE N'AI PAS ÉTERNUÉ !
LE VIRAGE EN ÉPINGLE À CHEVEUX : LA NEIGE RESTE EN PLACE, LA ROUTE RESTE EN PLACE, C'EST VOUS QUI FICHEZ LE CAMP.
À PROPOS D'ÉPINGLE À CHEVEUX, J'AI PERDU LA MIENNE.
OUAIS, BEN ON VERRA ÇA PLUS TARD !
LE TUNNEL : INTERMINABLE, OBSCUR, ÉTROIT ET PAYANT. QUATRE EXCELLENTES RAISONS DE L'ÉVITER.
IL EST INTERMINABLE CE TUNNEL !
ET HUMIDE.
LE GLACIER : IL AVANCE, MAIS LENTEMENT, VOUS DEVRIEZ AVOIR LE TEMPS D'ÉVITER LA COLLISION.
CE QUE TU PEUX ÊTRE LENT, C'EST PAS POSSIBLE !
EN TOUT CAS, J'AVAIS LA PRIORITÉ !
LE SKI FOU : IL DÉVALE LA PENTE TOUT SEUL ET RIEN NE L'ARRÊTE. SI CE N'EST VOTRE PARE-BRISE OU VOTRE CRÂNE.
ARRÊTE-TOI, ON EST ARRIVÉS !
JE VAIS ROULER ENCORE UN PEU, AVEC UN PEU DE CHANCE, ON AURA LA PAIRE !
À EN CROIRE CERTAINES SOURCES BIEN INFORMÉES, DES IMMATRICULÉS 78 ONT ÉGALEMENT ÉTÉ APERÇUS SUR DES ROUTES DE MONTAGNE. ALORS QU'ILS NE SONT MÊME PAS FOUTUS DE CONDUIRE CHEZ EUX.
QUE FAIT LA POLICE ?

ROULER À L'ÉTRANGER : LE PAROXYSME EST À SON COMBLE
IL PEUT ARRIVER QUE, EMPORTÉ PAR VOTRE ENTHOUSIASME, VOUS FRANCHISSIEZ UNE FRONTIÈRE SANS VOUS EN RENDRE COMPTE.
RASSUREZ-VOUS : LE DOUTE NE SUBSISTE PAS LONGTEMPS.
ALBERT J'AI PEUR.
UMLEITUNG EIBAHNSTRASSE
ÖSTRÖSH
BINORJ
PAPGIR SCHNELL
CHHHT. N'AYONS L'AIR DE RIEN.
CETTE FOIS, VOUS Y ÊTES.
ET PUIS IL Y A LEUR POLICE. COMME CHEZ NOUS, LA BAVURE N'EST JAMAIS LOIN, ÇA ON LE SAIT...
AAR ! ARH ! ZOU ! PITITEU FRANSOUS, NICHT PAPIR, ARH KAPUT, LOS !!
VOILÀ VOILÀ, ÇA VIENT !
OÙ EST-CE QUE J'AI BIEN PU LES METTRE BORDEL ?
ENCORE 5 MINUTES ET ILS NOUS FUSILLENT !
LE PIRE, C'EST QUE LÀ-BAS, ILS NE PARLENT MÊME PAS LE FRANÇAIS. ALORS, UN CONSEIL : TENEZ-VOUS À CARREAU.
QUELQUES CONSEILS PRATIQUES
SI VOUS ÊTES ARRÊTÉS EN ITALIE : NE PROPOSEZ PAS TOUT DE SUITE DE RÉGLER ÇA À L'AMIABLE...
UN BIFTON PER LA MAMA, UN PER LO BAMBINO, UN PER LA MAFIA ...
ATTENDEZ QU'ON VOUS LE DEMANDE.
SI VOUS ÊTES ARRÊTÉS EN ALLEMAGNE : NE DITES PAS :
NIX SCHIEFFEN ! ICH BIN DE LA MILICE !! KAMERAD !
DITES QUE LE DÉBARQUEMENT AURA LIEU DANS LA RÉGION DE CALAIS, COMME L'AVAIT PRÉVU LE FÜHRER. INUTILE D'AJOUTER QUE VOUS ÊTES GAULLISTE.
SI VOUS ÊTES ARRÊTÉS EN BELGIQUE, ÉVITEZ DE FRATERNISER DANS L'IRONIE DU GENRE :
ALLEÏ UNE FOIS, FIEU !
NE RIGOLEZ PAS BÊTEMENT ET NE RACONTEZ PAS DE BLAGUES BELGES, ÇA POURRAIT AGACER.
SI VOUS ÊTES ARRÊTÉS EN ESPAGNE : NE VOUS LAISSEZ PAS IMPRESSIONNER.
OLÉ !
CLAC
ALBERT ! TU ES DEVENU FOU ?
SI VOUS ÊTES ARRÊTÉS EN ROUMANIE : DONNEZ-LEUR VOTRE BIC.
ET ÇA HEIN, C'EST POUR QUI ÇA ?
À DÉFAUT DE BIC, UNE PAIRE DE COLLANTS DIM FERA L'AFFAIRE ; L'IMPORTANT ÉTANT DE VOUS TIRER VITE FAIT PENDANT QU'ILS FONT LE PARTAGE.
EN RÉSUMÉ, NE VOUS LAISSEZ PAS ABUSER PAR LEURS UNIFORMES FOLKLORIQUES, QUITTEZ CE SOURIRE NIAIS ET ON NE VOUS LE RÉPÈTERA JAMAIS ASSEZ : TENEZ-VOUS À CARREAU.

LEXIQUE FRANÇAIS ÉTRANGER ...
À L'INTENTION DES AUTOMOBILISTES AVENTURÉS HORS DE NOS FRONTIÈRES.
INCROYABLE MAIS VRAI, HORMIS LES BELGES ET LES SUISSES, QUI ONT FAIT UN EFFORT, LES ÉTRANGERS NE CAUSENT PAS FRANÇAIS. SI VOUS DEVEZ ABSOLUMENT VOUS RENDRE À L'ÉTRANGER, EMMENEZ CETTE PAGE AVEC VOUS.
COMMENT CONVERSER AVEC :
LES ÉTRANGERS DU NORD
LES ÉTRANGERS DU SUD.
LES ÉTRANGERS DE L'EST.
POUR DIRE :
1 : "MONSIEUR L'AGENT"
"BJORN BORG"
"VA F'ANCULO !"
"MICHEL STROGOFF."
POLIZAÏ
2 : "PAPIERS DU VÉHICULE"
"FISH AND CHIPS BITTE."
CHIPS
"DUE CINQUANTA MILLE LIRE."
GLOUPS !
"RUHE ! SCHNELL ! ACHTUNG !"
3 : "OÙ EST LA FRONTIÈRE FRANÇAISE ?"
"SCHMECKT KEIN NIX GUT FRANZOUZE ?"
SE CASSER VITE FAIT !
"DONDE ESTA LA CASA DE MA POMMA, PER FAVOR ?"
"KOUBILIAK PARIS, BLINISS ?"
PAPIR
4 : "LÂCHE MA VALISE FILS DE PUTE !"
"SCHMOPS SMØRENBROD, ROLLMOPS."
"LA MIA MALETTA, HIJO DE PUTA !"
"ATTACHÉ-KAS. KREMLIN ! KALINKA !"
5 : "NON, NON ! NE TIREZ PAS !"
"ZNDO ! ZNDO ! ENJOY YOUR TRIP !"
"AÏUTO ! AÏUTO ! NO SULFATE MIGO !!"
CICCIOLINA
"NEIN ! NEIN ! ICH BIN EINE TOURIST !"
NOTA :
AUCUNE TRADUCTION CORRESPONDANT AUX ÉTRANGERS DE L'OUEST N'EST ENCORE DISPONIBLE.

LES ENNEMIS DE LA CONDUITE À L'ÉTRANGER
À L'ÉTRANGER AUSSI, CONDUIRE N'EST PAS DE TOUT REPOS.
LES PHARES BLANCS : L'ÉTRANGER REFUSE LE PHARE JAUNE.
?
FAITES COMME LUI, EMMENEZ LE LAMPADAIRE HALLOGÈNE DU SALON ET BRANCHEZ LE QUAND VOUS AUREZ PASSÉ LA DOUANE.
LES COMPATRIOTES ENTHOUSIASTES : SE RECONNAISSENT À LA LETTRE "F" À L'ARRIÈRE DE LEUR VÉHICULE.
J'SUIS D'VESOUL !
MOI DE CHARLEVILLE-MÉZIÈRES !
UMBER-STRASSE ICH
JE T'AIME !
BROOO
VROOOO
POUR UN PEU, VOUS VOUS SERIEZ RATÉS. C'EST DINGUE. DANGER TOUT DE MÊME À 160 KM/H SUR L'AUTOROUTE.
LES JETS DE CAILLOUX : POUR CEUX QUI SE RENDRAIENT EN PALESTINE, LIBAN, MAROC, CORSE ETC...
ALLAH AKBAR
YÉ SOUI TOURIST
POUCE
IL EST TEMPS QUE LES AUTORITÉS GOUVERNEMENTALES APPRENNENT À CONCILIER TOURISME ET GUERRE CIVILE.
LES MAUVAISES ROUTES : À CROIRE QU'ILS LE FONT EXPRÈS.
MERDE ! C'EST CHAQUE FOIS PAREIL !!
QUEL BLED !
DAKAR
PENSEZ À NOS AMORTISSEURS MESSIEURS DU TIERS MONDE, ENFIN QUOI...
LES MOLLAHS IRANIENS : ÉVITEZ D'EN PERCUTER UN PENDANT LA PRIÈRE.
DEDJÛÛ ! QU'EST-CE QU'IL FOUT LÀ CE CON ?
SPLATCH
SURTOUT SI VOUS TRANSPORTEZ FRAUDULEUSEMENT UN TONNEAU DE VIN.
LES PASSAGES À GUÉ DANS LA BROUSSE : LORSQU'ON CALE AU MILIEU DU FLEUVE, LE SELF-CONTROL EN PREND UN COUP.
ON EST EN PANNE CHÉRI.
JE SAIS, JE SAIS, MAIS CE N'EST RIEN, ON SE CALME.
BROÂÂ
TEUF
PLOUF
IIIK
MÉFIEZ-VOUS AUSSI DES PASSAGES À GAYS À SAN FRANCISCO.
BÉNÉFICIANT SANS DOUTE D'UN PASSE DROIT, NOS AMIS IMMATRICULÉS 78 RÉUSSISSENT PARFOIS À SORTIR DE FRANCE. C'EST UNE AUBAINE ! QU'ON NE LES LAISSE PAS RENTRER.

VOITURES ET VACANCES ...
LE DOULOUREUX CONFLIT.
LES VACANCES, C'EST TRÈS BIEN, SURTOUT QUAND ON EST ARRIVÉ. LE PROBLÈME JUSTEMENT, C'EST D'ARRIVER. LA PREMIÈRE ÉPREUVE QUI VOUS ATTEND EST DE TAILLE :
IL S'AGIT DE CHARGER LA VOITURE.
COMMENT CHARGER CALMEMENT SA VOITURE ? L'AUTOMOBILE COMPREND QUATRE GRANDES ZONES DE CHARGEMENT QU'IL CONVIENT D'UTILISER DANS L'ORDRE.
1 LE COFFRE : SOIT À L'AVANT, SOIT À L'ARRIÈRE.
QU'EST-CE QUE C'EST QUE CE MERDIER QUE TU AS MIS DANS LE COFFRE ?
NE VOUS GOURREZ PAS, VOTRE FEMME N'EST POUR RIEN DANS TOUT ÇA. CE N'EST QUE MOTEUR.
2 L'HABITACLE INTÉRIEUR.
ZONE SIÈGE AVANT DROIT : ON PEUT Y EMPILER, BOISSONS FRAÎCHES, DEUX OU TROIS PULLS, CARTES ROUTIÈRES, CASSETTES POUR L'AUTORADIO ETC... LAISSEZ TOUT DE MÊME UNE PETITE PLACE À MADAME.
ZONE ARRIÈRE : METTEZ TOUT EN VRAC. ÇA OCCUPERA VOS ENFANTS, QUI DE TOUTE FAÇON SE SERAIENT CHARGÉS DE METTRE LE FOUTOIR.
ZONE CONDUCTEUR : SURTOUT, NE RIEN METTRE À CET ENDROIT POUR DES RAISONS DE SÉCURITÉ.
3 LA GALERIE : QUELLE AUBAINE, QUELLE INVENTION GÉNIALE. PLUS DE PROBLÈMES DE PLACE, CHARGEZ LA AU MAXIMUM, ELLE EN A VU D'AUTRES...
?
RIEN NE L'ÉTONNE ! IL EST PRATIQUEMENT IMPOSSIBLE D'ÉPATER LA GALERIE.
ATTENTION : LA DÉTENTE DE SANDOW : UN ACCIDENT STUPIDE ET POURTANT FRÉQUENT.
MONSIEUR DUGOMEAU PENSE QUE SA FEMME A FIXÉ UN CROCHET DU SANDOW DE L'AUTRE CÔTÉ DE LA GALERIE.
CE GENRE DE TRUC, FAUT QUE ÇA SOIT TENDU UN MAX !!
HÉLAS, MADAME DUGOMEAU N'AVAIT PAS FIXÉ LE CROCHET, QUI ÉTAIT SIMPLEMENT RETENU PAR UNE POIGNÉE DE VALISE.
SPLAF
TSOING !!
ZOOM
4 LA REMORQUE : PRATIQUE, ELLE SUIT FIDÈLEMENT LA VOITURE.
C'EST DINGUE ÇA ! JE NE SAIS PAS QUAND TA MÈRE CESSERA DE NOUS SUIVRE !!
VROO
NOUS PRÉCISONS À MADAME VOTRE BELLE-MÈRE, QU'IL EST INTERDIT DE VOYAGER DANS UNE REMORQUE.
SI LA VOITURE FAIT DES EFFORTS, LE CHARGEMENT EST TOUT DE MÊME LIMITÉ. IL FAUT DONC FAIRE UN TRI.
OBJETS QU'IL NE FAUT EN AUCUN CAS EMPORTER EN VACANCES.
BILLARD
BUFFET HENRI IX
COMMODE LOUIS IX
BEAUX PARENTS
CONGÉLATEUR
MEUBLE HI-FI FRANÇOIS IV
ENCYCLOPÉDIE UNIVERSALIS EN 43 VOLUMES.
CHIEN
HALTE, ASSEZ ! C'EST INFÂME !
QUOI DONC ? PLAÎT-IL ? NOUS AVONS SUGGÉRÉ DE NE PAS EMMENER LE CHIEN EN VACANCES ?
MAIS NON, PAS DU TOUT !!
AH SI TIENS...

QUELS ANIMAUX EMPORTER DANS SES BAGAGES ?
MIEUX VAUT SE PRÉPARER PSYCHOLOGIQUEMENT À COHABITER DURANT LE TRAJET AVEC UN ANIMAL.
SACHEZ-DONC AMIS CONDUCTEURS CE QUI VOUS ATTEND !!
LE CHIEN : EN VOITURE, IL GÉMIT, TREMBLE, BAVE ET VOMIT, S'ÉCHAPPE DÈS QU'ON OUVRE LA PORTIÈRE. VOTRE MOYENNE EN PREND UN COUP.
À MOINS QU'IL NE SE BARRE QUAND VOUS ROULEZ À 160 SUR L'AUTOROUTE !
PLATCH !
?
LE CHAT : COMPLÈTEMENT APEURÉ, IL SAUTE PARTOUT ET GRIFFE TOUT CE QUI PASSE À SA PORTÉE.
MIARG !
BING
?
ÇA VA ÊTRE LONG JUSQU'À SAINTE-MAXIME.
LES POISSONS ROUGES : PAISIBLES ET AGRÉABLES COMPAGNONS DE VOYAGE.
JÉRÔME, TU AS PENSÉ AUX POISSONS ROUGES ?
_OUI, ILS SONT LÀ, PLIÉS DANS DU PAPIER ALU.
ON ÉVITERA AINSI QUE L'AQUARIUM SE BRISE SUR LA MOQUETTE AU PREMIER COUP DE FREIN.
LE CANARI : CHARMANT PETIT OISEAU. TOUTEFOIS, SI SA CAGE S'OUVRE ENTRE CHALONS ET MÂCON, RETENEZ LE CHAT...
LE CHAT ! LE CHAT !
?
IL M'A GRIFFÉ !!
CUII !
VIREZ-MOI CE PIAF !
MIARG !
... CAR TOUT CELA RISQUERAIT D'ÉNERVER LE CHIEN.
LES TORTUES ET LES HAMSTERS : INVRAISEMBLABLES BESTIOLES NI AFFECTUEUSES, NI AMUSANTES, QUE VOUS PERDEZ INÉVITABLEMENT DANS L'HABITACLE DE LA VOITURE.
PAPA ! LE HAMSTER, IL EST LÀ, VERS TON PIED !!
SPROUATCH
OUIIIN... TU L'AS ÉCRASÉ !
C'EST PAS DE MA FAUTE, IL ÉTAIT SOUS LA PÉDALE DE L'ACCÉLÉRATEUR !
LE VARAN DE KOMODO : ANIMAL DE COMPAGNIE AGRÉABLE. ASSEZ PEU RÉPANDU EN RAISON DE SA TAILLE.
SEUL INCONVÉNIENT, IL N'EST PAS ADMIS DANS LES RESTOROUTES OÙ IL RISQUE DE BOUFFER LES CHIENS.
À NOTER :
IL EST INTERDIT DE TRANSPORTER DES PASSAGERS DANS UNE CARAVANE.
IL EST EN REVANCHE RECOMMANDÉ D'Y TRANSPORTER DES CHIENS. EN EFFET, C'EST BIEN CONNU, LES CHIENS ABOIENT ET LA CARAVANE PASSE.

EN ROUTE, ÇA NE S'ARRANGE PAS.
APRÈS DE TELLES DIFFICULTÉS, NOS LECTEURS LES PLUS OPTIMISTES POURRAIENT SE CROIRE AUTORISÉS À ESPÉRER UNE STABILISATION DU PAROXYSME : IL N'EN EST RIEN.
CAR CETTE COHABITATION EFFROYABLE NE VA PAS ALLER EN S'AMÉLIORANT AH, AH ! CERTAINEMENT PAS.
CUI ! CUI !
LE CHAT !!
MIAOURG !
GRRR WOUAH ! WOUAH !
LA TORTUE, OÙ EST LA TORTUE ?
CAR LA ROUTE DES VACANCES EST ENCOMBRÉE. C'EST À N'Y RIEN COMPRENDRE : DES MILLIONS DE CONGÉS PAYÉS ONT PRIS LE DÉPART EN MÊME TEMPS QUE VOUS.
PAPA ! LE CHAT A SAUTÉ PAR LA VITRE !
JE ME FOUS DU CHAT ! DE TOUTE FAÇON, JE N'AIME PAS LES CHATS, JE HAIS LES CHATS !
COMMENT, DANS DE TELLES CONDITIONS, GARDER SON SELF CONTROL ?
LA PRÉVENTION ROUTIÈRE CONSEILLE D'INTERROMPRE LE TRAJET PAR DE FRÉQUENTS ARRÊTS. VOUS LE DÉCOUVRIREZ BIENTÔT AMIS DU BITUME, IL Y A DEUX SORTES D'ARRÊTS.
1) L'ARRÊT PIPI.
CUI !
JE NE SAIS PAS CE QUE J'AI FAIT DE L'AQUARIUM.
LA PORTIÈÈÈÈRE !
ET VOILÀ ! LE CHIEN S'EST TIRÉ.
?
TÉLÉPHONE
AIRE DE REPOS
2) L'ARRÊT MAL AU COEUR.
N'ATTENDEZ AUCUNE PITIÉ DE VOS ENFANTS. ILS SONT ADORABLES, MAIS IL SERAIT VAIN DE LEUR DEMANDER DE SE RETENIR JUSQU'À SAINTE-MAXIME. D'AUTANT QUE VOTRE FEMME ELLE-MÊME N'HÉSITERA PAS À EXIGER UN ARRÊT-PIPI.
?
ARRÊTE-TOI IMMÉDIATEMENT !
VOTRE FAMILLE N'EN A RIEN À BATTRE DE VOTRE MOYENNE.
QUAND-EST-CE QU'ON ARRIVE ?
C'EST ENCORE LOIN ?
J'AI DES CRAMPES.
AH BON SANG ! VOYAGER EN FAMILLE, C'EST PAS DE LA TARTE !
À PROPOS DE TARTE, L'INCOMPÉTENCE GÉNÉRALISÉE ET LE J'MENFOUTISME DOGMATIQUE DE TOUTE CETTE JOYEUSE BANDE, VA VOUS OBLIGER À CASSER LA CROÛTE EN CHEMIN...

DÉJEUNER EN ROUTE : UNE JOYEUSE CHIC DÉTENTE !
JUSTEMENT, UN PANNEAU FRAPPÉ D'UNE FOURCHETTE ET D'UN COUTEAU VOUS INDIQUE QU'UN RESTO-ROUTE VOUS TEND LES BRAS.
HALTE-LÀ, MALHEUREUX ! VOUS VOULEZ DONC CONNAÎTRE :
L'ATROCE URTICAIRE DU POULET-FRITES-SALADE ?
LA PÉRITONITE FOUDROYANTE DE LA SAUCISSE-PURÉE ?
L'EMBOLIE DU TRIPOUX ?
BUP
BUP
BUP
CRT
CRT!
CRT!
VOUS AUREZ BIEN LE TEMPS DE VOUS INTOXIQUER AU RESTAURANT DE LA PLAGE.
COMME VOUS N'ALLEZ TOUT DE MÊME PAS PERDRE UNE DEMI-HEURE POUR DÉNICHER UNE CHARMANTE AUBERGE, VOUS OPTEZ POUR LE PIQUE-NIQUE.
LES CINQ INGRÉDIENTS INCONTOURNABLES QUI DOIVENT FIGURER AU MENU.
Chips
JAMBON, CHIPS, OEUFS, MAYONNAISE, MANDARINES : LES CINQ PILIERS DE LA SAGESSE, LES CINQ ROUES DU CAROSSE, LES CINQ CAVALIERS DE L'APOCALYPSE.
DEUX SOLUTIONS S'OFFRENT À VOUS.
MANGER EN ROULANT : PERMET DE PRÉSERVER LA MOYENNE.
MON OEUF-MANDARINE !! T'ES ASSIS SUR MON OEUF MANDARINE !
PROUTCH !
MAIS QUE FOUTAIT CE TUBE DE MAYONNAISE SOUS LA PÉDALE D'ACCÉLÉRATEUR ?
INCONVÉNIENT : ARRIVÉ À SAINTE-MAXIME, IL FAUDRA ENLEVER LE GRAS DE JAMBON DU CENDRIER ET GRATTER LES TÂCHES D'OEUF SUR LA MOQUETTE. MAIS BON, ON EST EN VACANCES, ALORS, HEIN, COOL.
S'ARRÊTER SUR UNE AIRE DE REPOS : ON LAISSE AINSI TOUTES LES ÉPLUCHURES BIO-DÉGRADABLES AUX PETITS OISEAUX.
PFT
ET PUIS, Ô AVANTAGE, VOS ENFANTS PEUVENT EN PROFITER POUR SATISFAIRE DES BESOINS QUI VOUS SEMBLENT DE MOINS EN MOINS NATURELS, VU LEUR FRÉQUENCE.
PIQUE-NIQUER, C'EST AUSSI PRÉVOIR.
DÉPLIEZ-VOUS LES ENFANTS, ÇA VA ÊTRE PRÊT.
TABLE PLIANTE EN FORMICAT
BARBECUE PLIANT.
SIÈGES PLIANTS
CHAPELET DE MERGUEZ PLIANT.
FAITE GAFFE QUAND-MÊME, NE PLIEZ PAS LA VOITURE.
ATTENTION : UN MINIMUM DE PRÉCAUTIONS S'IMPOSE.
- ON NE FAIT PAS GRILLER DE SARDINES DANS UNE PINÈDE.
- LE TROGNON DE POMME EST BIODÉGRADABLE, LE CHIEN ABANDONNÉ AUSSI, PAS LA BOÎTE DE KRONENBOURG.
SAINTE MAXIME : 220
ZZEUUROOOPZUU
- ON N'OUBLIE PAS MÊME DANS SON TRANSAT.
PEINARD SUR UNE AIRE DE REPOS, ON EN OUBLIERAIT PRESQUE QU'IL FAUT REPARTIR. À MOINS DE DÉCIDER, POURQUOI PAS, DE PASSER LES VACANCES SUR L'AIRE DE VILLEMOND-BELLEVUE, OÙ TOUT DE MÊME, IL FAUT LE NOTER, IL N'YA PAS DE PISCINE.

PANNES, BRUITS, AU SECOURS!!
IL PEUT SE FAIRE, AMIS, QU'UN JOUR PROCHAIN, PEUT-ÊTRE MÊME AUJOURD'HUI, VOTRE VOITURE TOMBE EN PANNE.
NON, DU CALME, INUTILE DE GESTICULER ET DE TRANSPIRER. NE CÉDEZ PAS À LA PANIQUE.
BOUHOU HOU WAAÂ !!
?!
BOM BOM BOM
APRÈS TOUT, L'HOMME LUI MÊME A SES FAIBLESSES, SES RUPTURES D'ANÉVRISME, SES ENCÉPHALITES AIGUËS.
À QUEL MOMENT LA PANNE RISQUE-T-ELLE DE SE PRODUIRE? À TOUT MOMENT. OÙ? N'IMPORTE OÙ.
?
SBROUF
SPROTS !!
PETS
SPLBONG
POURQUOI? ALORS ÇA...
EXISTE-T-IL UN SACRÉ PUTAIN DE MOYEN D'ÉCHAPPER À LA PANNE? EH BIEN OUI, IL Y EN A MÊME TROIS.
1 : SACHEZ PARLER À VOTRE VOITURE.
OH QU'ELLE EST MIGNONNE LA TUTURE OH QU'ELLE EST GENTILLE ...
OH COMME ELLE VA PASSER LA CÔTE LA TUTURE!
POTS BRÊTS
TUT TÔÔ
PEUF PEUF
SBRÔÔÔ
NE LA TRAITEZ PAS DE "CHIOTTE POURRIE", ELLE VA SE VEXER ET RISQUE DE S'ARRÊTER NET.
2 NE ROULEZ PAS N'IMPORTE OÙ.
LA PANNE SURVIENT TOUJOURS DANS LES COINS PAUMÉS. (MÊME SI NOUS AVONS DIT L'INVERSE DEUX CASES AVANT, N'EN TENEZ PAS COMPTE, NOUS ÉTIONS BOURRÉS.)
ET LES AUTRES LÀ !! Z'ONT RIEN D'AUTRE À FOUTRE QUE D'PÊCHER L'PHOQUE?
?
POURRAIENT VENIR DONNER UN COUP D'MAIN NON?
NOTRE CONSEIL : ÉVITEZ LES COINS PAUMÉS, VOUS LIMITEREZ LES RISQUES DE TOMBER EN PANNE.
3 ENTRETENEZ VOTRE VÉHICULE.
TOUS LES SPÉCIALISTES L'AFFIRMENT ; ENTRETENIR SA VOITURE, C'EST LIMITER LES PANNES.
BEN J'SUIS PAS DANS LA M...!
SIMCA NOTICE TECHNIQUE
ÉTANT NOUS-MÊMES DES SPÉCIALISTES, NOUS N'ALLONS PAS CONTREDIRE DES SPÉCIALISTES ...
EN UN MOT, CHAQUE SEMAINE, FAITE LE TOUR DE VOTRE VOITURE, VÉRIFIEZ QUE TOUT EST EN ORDRE.
C'EST BIEN CE QUE JE DISAIS ! "VOITURE LIVRÉE AVEC QUATRE ROUES". DONC IL EN MANQUE UNE !
DES ESPRITS POINTILLEUX VOUS DIRONT QU'IL FAUT CONTRÔLER L'HUILE, LES FREINS, LA COURROIE DU VENTILATEUR, MAIS OH, LÀ, EH, OÙ TU VAS, TOI? CE N'EST PLUS DE L'ENTRETIEN, ÇA, C'EST DE LA MANIAQUERIE.

PETIT DICTIONNAIRE FRANÇAIS-BRUITS DE VOITURE.
POUR LA PREMIÈRE FOIS DANS L'HISTOIRE DE LA LITTÉRATURE MONDIALE, DES AUTEURS VONT MAINTENANT VOUS LIVRER LA CLÉ DU LANGAGE MÉCANIQUE.
CHPAF! GLOUB GLOUB...*
?
* DURITE D'EAU ÉCLATÉE.
ZBOLIINNG!!*
?
* RESSORT DE RUPTEUR CASSÉ.
BLONG PLOUF!*
?
* BIELLE COULÉE.
REUH-REUH. REEEEEUUUUUUHHH*
?
* STARTER COINCÉ.
POUÊÊÊÊÊÊÊÊÊÊÊÊT!*
?
* KLAXON BLOQUÉ.
ZZZZZIIIIIP GARGL!*
* ÉTRANGLEMENT PAR CEINTURE DE SÉCURITÉ.
FRÎÎP, SHROUÊK, SCROUSH, AH, MERDE!* BORDEL!
* CARTE ROUTIÈRE IMPOSSIBLE À REPLIER.
VLAM! KRÊK OUILLE, AÏE, AÏE, ARGH!*
* PORTIÈRE CLAQUÉE SUR CHEVILLE. (OS BRISÉ).
KLANG-KLANG KLANG KLANG*
?
* CASSEROLES FIXÉES AU PARE-CHOCS.
TIC TAC TIC TAC TIC TAC*
?
*BOMBE À RETARDEMENT SOUS UN SIÈGE.
IIIIIIIIIIIIIIII*
?
*VOUS N'AVEZ PAS DESSERRÉ LE FREIN À MAIN.
MON DIEU! NON! AU SECOURS!*
* VOUS AVEZ PERCUTÉ UN MUR.
MEUUH! MEEUUARGH!*
* VOUS AVEZ DÉFONCÉ UNE VACHE.
NOTE DES AUTEURS : UN DICTIONNAIRE FRANÇAIS-BRUITS DE LAVABOS, EST EN COURS DE TRADUCTION.

L'ART DE LA NÉNETTE.
ENTRETENIR SA VOITURE, C'EST AUSSI LA LAVER, LA NETTOYER, L'ESSUYER, LA BROSSER, L'ÉPOUSSETER, LA FOURBIR ET L'ASTIQUER.
TOUT CELA RÉCLAME UN CERTAIN INVESTISSEMENT DE TEMPS ET D'ÉNERGIE. EST-IL VRAIMENT NÉCESSAIRE D'ENTRETENIR SA VOITURE ?
GLOUPS!
EH BIEN OUI, MESSIEURS LES COSSARDS.
IL EXISTE QUATRE FAÇONS D'AVOIR UNE VOITURE PROPRE.
LA PREMIÈRE : LAISSER FAIRE LA PLUIE. AVANTAGES : ÉCONOMIQUE, REPOSANT.
?
INCONVÉNIENTS : IL N'Y A PAS DE SAVON DANS L'EAU DE PLUIE, IL NE PLEUT PAS TOUS LES JOURS.
LA DEUXIÈME : LAISSER LE TRAVAIL AUX ENFANTS EN ÉCHANGE DE QUELQUE MENUE MONNAIE. AVANTAGES : PRATIQUE, REPOSANT.
ET QUE ÇA BRILLE !!
INCONVÉNIENT : IL FAUT AVOIR DES ENFANTS.
LA TROISIÈME : CONFIER LA VOITURE AU LAVAGE AUTOMATIQUE DE LA STATION-SERVICE. AVANTAGES : REPOSANT, AMUSANT, ON PEUT RESTER DANS LA VOITURE.
?
SPOUTS
CLAC
LAVAGE AUTO
?
?
INCONVÉNIENTS : SI VOUS LAISSEZ UNE FENÊTRE OUVERTE, VOUS VOUS NOYEZ. SI LE MÉCANISME SE DÉRÈGLE, LES GROS ROULEAUX BROIENT LA VOITURE. SI VOUS AVIEZ CHOISI DE RESTER À L'INTÉRIEUR, VOUS ÊTES ÉGALEMENT BROYÉ.
LA QUATRIÈME : LAVER SA VOITURE SOI-MÊME. AVANTAGES : AUCUN.
ÇA, JE LE SAIS DEPUIS LONGTEMPS!
?
INCONVÉNIENTS : C'EST CREVANT, C'EST MAL FAIT.
LA TOUCHE FINALE : COMMENT PASSER LA NÉNETTE, QUI VA DONNER À VOTRE VOITURE SON POLI INÉGALABLE ?
CHOISISSEZ UNE NÉNETTE, DEMANDEZ-LUI D'ENFILER UN PEIGNOIR.
FAITE-VOUS AIDER D'UN COPAIN, PLAQUEZ-LA CONTRE LA CARROSSERIE ET FROTTEZ ÉNERGIQUEMENT.
?
SI LA NÉNETTE PROTESTE, OU SI ELLE MONTRE DES MARQUES D'USURE, N'INSISTEZ PAS.
PRENEZ-EN UNE AUTRE.

INITIATION AU DÉPANNAGE PROVISOIRE
EN MATIÈRE DE PANNE MÉCANIQUE, QUATRE SITUATIONS TYPES, SONT SOMME TOUTE ENVISAGEABLES. ÉTUDIONS-LES.
PREMIÈRE SITUATION TYPE : VOTRE VOITURE NE DÉMARRE PAS. LA CAUSE DE LA PANNE PEUT ÊTRE :
UNE ERREUR DE VÉHICULE. SI VOTRE CLÉ DE CONTACT N'ACTIONNE PAS LE DÉMARREUR. CE N'EST PAS VOTRE CLÉ DE CONTACT.
OU CE N'EST PAS VOTRE VOITURE.
AVEZ-VOUS BIEN PRIS PLACE DANS LA VOITURE ?
REUUH REUUH REUH
?!
ALLONS BON ! QUE SE PASSE T-IL ?
EST-CE QU'IL NE POURRAIT PAS S'AGIR PLUTÔT D'UN CONTACT DÉFECTUEUX DU DÉMARREUR, D'UNE BATTERIE DÉCHARGÉE OU AUTRE ? BON DIEU COMMENT VOULEZ-VOUS QU'ON LE SACHE ?
DEUXIÈME SITUATION TYPE : VOTRE VOITURE S'ARRÊTE EN COURS DE ROUTE. DANS TOUS LES CAS, SOUPÇONNEZ :
UN RÉFLEXE EXCESSIF.
STOP
Y A-T-IL UN SIGNAL DE STOP QUELQUE PART DEVANT VOUS ? DANS L'AFFIRMATIVE, VOUS AVEZ PILÉ SANS VOUS EN RENDRE COMPTE.
UN OBSTACLE INATTENDU. N'Y A-T-IL PAS EU COMME UN GRAND BRUIT DE TÔLES ? ALLEZ VOIR ÇA DE PLUS PRÈS L'AMI.
TRANSPORTS CRACBOUM
CRACBOUM
STOP
ALLEZ, ÇA VA, AYEZ LE BON RÉFLEXE : RAMPEZ HORS DE LA CHAUSSÉE POUR ATTEINDRE LE SAMU.
TROISIÈME SITUATION-TYPE : VOTRE VOITURE NE S'ARRÊTE PLUS. À L'ORIGINE DE LA PANNE, IL Y A PROBABLEMENT :
UN ATTENTAT. QUELQU'UN A SABOTÉ VOS FREINS.
TIREZ-VOUS, ON N'A PLUS DE FREINS !
C'EST MALIN ÇA ! ET MAINTENANT, ON S'ARRÊTE COMMENT ?
CHERCHEZ UNE BONNE VIEILLE CX, C'EST PRÉVU POUR PLIER EN CAS DE CHOC CES VOITURES LÀ. ÇA VOUS AMORTIRAIT N'IMPORTE QUOI.
UN CAMION FOU. UN TRENTE TONNES COLLÉ À VOTRE PARE-CHOCS ARRIÈRE VOUS POUSSE À UNE MORT CERTAINE.
J'AI PLUS D'FREINS !
QU'EST-CE QUE TU VEUX QUE ÇA ME FOUTE ?
BOUM BOM
BOGONBOM
MAIS T'AURAIS MIEUX FAIT DE TE TROUVER UNE CX, PARCEQU'AVEC MOI T'AURAS DU MAL !
TANT PIS, IL L'AURA BIEN CHERCHÉ.
QUATRIÈME SITUATION TYPE : VOTRE VOITURE EST ENVAHIE D'UNE PUANTEUR INFECTE.
UN CAMEMBERT EST CERTAINEMENT COINCÉ DANS LE DÉMARREUR. ENLEVEZ-LE.

LE GARAGISTE, PLOMBIER DE LA ROUTE
SI LE DÉPANNAGE PROVISOIRE EST À LA PORTÉE DE TOUS, LA VRAIE RÉPARATION RESTE L'APANAGE D'UNE ÉLITE MÉCANIQUE : LES GARAGISTES.
QUI SONT-ILS ? QUE VEULENT-ILS ? POURQUOI ? DANS QUEL BUT ? EST-CE LÉGAL ?
POUR LE CONDUCTEUR, DANS LA GRANDE FAMILLE DE L'ARNAQUE, IL FAUT SAVOIR DIFFÉRENCIER L'ASSUREUR DU GARAGISTE.
L'ASSUREUR
LE GARAGISTE
UNE SEULE DIFFÉRENCE : L'ASSUREUR N'EST PAS COUVERT DE CAMBOUIS (SAUF S'IL ROULE EN SIMCA). LE GARAGISTE, LUI, PORTE UN BLEU DE TRAVAIL SOUS SON CAMBOUIS.
ATTENTION : UN GARAGISTE N'A JAMAIS LE TEMPS DE S'OCCUPER DE VOUS. IL EST DÉBORDÉ, PIRE QU'UN PLOMBIER. POUR LE FAIRE FLÉCHIR, PROSTERNEZ-VOUS À SES PIEDS, HUMILIEZ-VOUS.
GARAG
ET MÊME ? HEIN ? MÊME QUI N'A PAS PU DÉTACHER SA CEINTURE DE SÉCURITÉ VOUS Y PENSEZ ? PITIÉÉÉ !!
MAIS S'IL CÈDE, N'IMAGINEZ PAS QU'IL VOUS FASSE UNE FLEUR. TOUT CELA SE RETROUVERA SUR LA FACTURE.
PEUT-ON ÉCHAPPER AU PIÈGE SATANIQUE ? OUI ! L'UNIQUE SUPÉRIORITÉ QUE LE GARAGISTE A SUR VOUS, C'EST QU'IL S'Y CONNAÎT EN MÉCANIQUE.
EUH... J'M'EXCUSE, JE NE DÉRANGE PAS ?
SI ?
MEUH NON... UN P'TIT PÉPIN QUOI...
UI ! UI, J'AI L'TEMPS OUUAIS...
MONSIEUR, NE RESTEZ PAS LÀ COMME UN PÉTEUX, NE VOUS EXCUSEZ PAS D'ÊTRE LÀ, NE JOUEZ PAS LES CHOCHOTTES, MARCHEZ DANS LES FLAQUES D'HUILE, DANS LA SCIURE, FAITES COMME CHEZ VOUS.
ABORDEZ LE TYPE BILLE EN TÊTE. ABOYEZ DES MOTS BREFS EN PRENANT UN AIR MENAÇANT.
J'AI LE VILEBREQUIN QUI FLOTTE AU NIVEAU DES GICLEURS !
ON SE MAGNE !
CINQ MINUTES !
F'PAS S'FOUTRE DU MONDE !
LE TYPE VA VITE COMPRENDRE À QUI IL A AFFAIRE. SOUVENEZ-VOUS TOUT DE MÊME QUE VOUS N'AVEZ JAMAIS VU UN VILEBREQUIN.
RENDRE VISITE AU GARAGISTE N'EST PAS CHOSE FACILE, MAIS ALORS, QUAND PEUT-ON L'ÉVITER ? QUAND Y A-T-IL OBLIGATION D'Y ALLER ?
1 CE QUE VOUS POUVEZ FAIRE VOUS-MÊME :
- VIDER LES CENDRIERS
- BOUCLER VOTRE CEINTURE
- FAIRE LE PLEIN D'ESSENCE
- RÉGLER LES RÉTROVISEURS
- RÉGLER LE VOLUME DE L'AUTORADIO.
QUE SE PASSE-T-IL ?
CRAC !
BOUM
CLANG
J'VIENS DE DÉPOSER LE BLOC MOTEUR !
2 : CE QU'IL VAUT MIEUX CONFIER AU GARAGISTE :
- VIDANGE
- VÉRIFICATION DES NIVEAUX
- INSTALLATION D'UN GAZOGÈNE
- BRANCHEMENT DE LA DURITE D'EAU
- ASPIRATION DE LA POMPE À HUILE.
AAH ! QU'EST-CE QUE C'EST QUE ÇA ?
VOTRE CAMION SKODA TRANSFORMÉ EN BREAK DÉCAPOTABLE.
CE QUE MÊME LE GARAGISTE NE POURRA JAMAIS FAIRE :
- EMPÊCHER UNE 4L DE ROUILLER.
- OUVRIR LE CAPOT D'UNE SIMCA SANS SE DÉGUEULASSER.
- INVERSER LES VALVES D'ALIMENTATION EN SURRÉGIME.
- CHANGER UNE ROUE SANS DESCENDRE DE VOITURE.

CHOCS, COLLISIONS, EMPLÂTRAGES, INCENDIES :
COMMENT AFFRONTER UNE SITUATION CRITIQUE TOUT EN CONSERVANT SON SELF-CONTRÔL ?
POUR MIEUX VOUS AIDER, NOUS AVONS RÉPERTORIÉ DIX DE CES SITUATIONS PARMI LES PLUS COURANTES.
1 VOTRE AUTO EST EMPORTÉE PAR UN TORRENT DE BOUE.
?
RESTEZ COOL. BRAQUEZ LES ROUES EN SENS INVERSE DU COURANT.
2 UN PNEU ÉCLATE À 180 KM/H.
?
?
PAN
PAS DE PANIQUE, IL PEUT S'AGIR DE LA ROUE DE SECOURS.
3 : LE LEVIER DE VITESSE VOUS RESTE DANS LA MAIN.
GLOUB ?
C'EST LE MOMENT DE RELIRE NOTRE PASSAGE CONSACRÉ À LA CONDUITE SPORT.
4 : UNE GUÊPE EST ENTRÉE DANS LA VOITURE.
BZT
LÂCHEZ KIKI, VOTRE FIDÈLE VARAN DE KOMODO. IL N'EN FERA QU'UNE BOUCHÉE.
5 : VOUS CONDUISEZ AVEC PLUS DE 2G D'ALCOOL DANS LE SANG.
ZIII
ZOOUUU
SCRIIII
NE VOUS INQUIÉTEZ PAS. VOUS MOURREZ HEUREUX.
6 : VOUS AVEZ CALÉ AU BEAU MILIEU D'UN PASSAGE À NIVEAU. L'EXPRESS TOULON-QUIMPER FONCE SUR VOUS ET VOTRE PORTIÈRE EST BLOQUÉE.
BEN ÇA C'EST CON...
DODOH DODOH
TUUUU
REUH REUH
NE VOUS EN FAITES PAS, IL VA S'ARRÊTER. MAIS SI ! AVEC LA SNCF C'EST POSSIBLE.
7 : LE CENDRIER EST PLEIN.
C'EST PEU DIRE !!!
DU SANG-FROID ! VIDEZ-LE.
8 : VOUS VENEZ DE GRILLER UN FEU ROUGE ET VOUS AVEZ FAUCHÉ UNE ESCOUADE DE POLICIERS QUI TRAVERSAIT UN PASSAGE CLOUTÉ.
NON ?
SI !
MAÎTRISEZ-VOUS. EUH, NON, FONCEZ ! EUH... ATTENDEZ, NON ... AH DÉMERDEZ-VOUS QUOI...
9 : VOS FREINS ONT LÂCHÉ SUR LA CORNICHE ET VOTRE VOITURE CHUTE VERS LA MER.
PRIONS LE SEIGNEUR
PRIONS LE SEIGNEUR !
RELAX ! REMONTEZ LES VITRES ET CHAUSSEZ VOS PALMES.
10. VOTRE GRAND FILS A EMPRUNTÉ VOTRE VOITURE.
DÉTENDEZ-VOUS. PRENEZ RENDEZ-VOUS CHEZ LE GARAGISTE.
BOUCHE-À-BOUCHE OU MOUVEMENTS RESPIRATOIRES : QUE CHOISIR ?
- SI LA VICTIME EST UNE FEMME QUI FAIT DU 90 DE TOUR DE POITRINE : LE BOUCHE-À-BOUCHE.
- SI ELLE FAIT DU 90 DE TOUR DE TAILLE : LES MOUVEMENTS RESPIRATOIRES.
- SI C'EST UN HOMME : APPELEZ LE SAMU.

COMMENT REMPLIR HABILEMENT UN CONSTAT ?
ATTENTION ! PLUS QUE JAMAIS, IL VA FALLOIR FAIRE PREUVE DE SELF-CONTRÔL.
POUR ILLUSTRER NOTRE PROPOS, NOUS VOUS PROPOSONS LE SCÉNARIO SUIVANT :
A
B
SBLONG !
AYANT EMPRUNTÉ PAR INADVERTANCE UNE RUE À SENS UNIQUE, UN CONDUCTEUR Ⓐ COUPE UNE VOIE PRIORITAIRE ET PERCUTE VIOLEMMENT UN VÉHICULE Ⓑ VENANT DE SA DROITE. LE CONDUCTEUR Ⓑ S'EST BRISÉ LE BRAS AU COURS DE L'ACCROCHAGE. SOYONS NET : LE CONDUCTEUR Ⓐ EST MAL BARRÉ.
ET POURTANT, TOUT N'EST PAS PERDU. EH OUI, AMI CHAUFFARD ! CAR ENFIN, N'OUBLIONS PAS CETTE RÈGLE DE BASE :
WAAAARGH !
PAS DE TÉMOINS ? PARFAIT...
J'VAIS TE FAIRE UN CONSTAT EN BÉTON !
VOUS SAVEZ QUE VOUS ÊTES EN TORT, VOTRE VICTIME SAIT QUE VOUS ÊTES EN TORT, LES ASSUREURS NE LE SAVENT PAS ENCORE
EN REMPLISSANT LE CONSTAT, PRÉTENDEZ QUE VOUS NE SAVEZ PAS TRÈS BIEN DESSINER, MAIS QUE VOUS ALLEZ ESSAYER QUAND MÊME.
épicerie
chien
B B
SI VOUS AVEZ SUIVI NOS CONSEILS, L'AFFAIRE EST DANS LE SAC.
PAS DE PANIQUE. VOICI QUELQUES-UNES DES CIRCONSTANCES D'ACCROCHAGE LES PLUS FRÉQUENTES. VOUS NE SAVEZ PAS DESSINER ? RECOPIEZ-LES.
B
A
LE VÉHICULE Ⓐ A DÉRAPÉ AU BOUT DU QUAI ET A PERCUTÉ LA PÉNICHE Ⓑ. LA SALLE À MANGER EST ENDOMMAGÉE.
POINTS DE CHOC.
B
A
C
LE VÉHICULE Ⓐ, GRILLANT UN STOP, A ÉTÉ ÉCRABOUILLÉ ENTRE LE SEMI-REMORQUE Ⓑ VENANT DE TOUL ET LE TRENTE TONNES Ⓒ ARRIVANT DE BISCARROSSE.
POINTS DE CHOC
E
D
C
B
A
POINTS DE CHOC
LE 747 Ⓐ, À COURT DE FUEL, A ATTERRI À PROXIMITÉ DE LA NATIONALE 12, À HAUTEUR DE MONTLUÇON-LES-MINES, EMBOUTISSANT LA VOITURE Ⓑ, QUI A ÉTÉ PROJETÉE SUR LA VOITURE Ⓒ, ELLE-MÊME EMBOUTIE PAR LE VÉHICULE Ⓓ, PERCUTÉ À SON TOUR PAR LE VÉHICULE Ⓔ.
POINT DE CHOC
B
A
C
D
PERSONNE NE SAVAIT QUI AVAIT LA PRIORITÉ.
ATTENTION !
L'EXPERT QUI ESTIMERA LE COÛT DES DÉGÂTS N'EST PAS UN TYPE FACILE. L'EXPERT EST UN TYPE HONNÊTE.
(FILEZ LUI QUAND MÊME CINQ CENT BALLES.)

RESTONS COURTOIS, MERDE !
GUIDE DE COURTOISIE AUTOMOBILISTE, APPLIQUÉE À QUELQUES SITUATIONS TYPES.
UNE SIMCA EN DOUBLE FILE, BLOQUE VOTRE PROPRE VÉHICULE ET VOUS EMPÊCHE DE SORTIR.
TUT
DITES-LUI QUE CE N'EST PAS GRAVE, QUE ÇA PEUT ARRIVER À TOUT LE MONDE.
EN MANOEUVRANT, CE MÊME CONDUCTEUR BRISE L'UN DE VOS PHARES.
OH LA LA... COMME IL DOIT ÊTRE GÊNÉ.
CE N'EST RIEN. ÇA PEUT ARRIVER À TOUT LE MONDE.
SBLANG
DITES-LUI QUAND MÊME QUE MAINTENANT VOUS AIMERIEZ BIEN POUVOIR DÉMARRER.
AU BOUT DE LA RUE, VOUS ÊTES ARRÊTÉ DERRIÈRE SA SIMCA PAR UN FEU ROUGE. LE FEU PASSE AU VERT, IL NE DÉMARRE PAS. RESTEZ COURTOIS, SOURIEZ. SIGNALEZ...
COMMENCE À M'LES BOUFFER C'LUI LÀ !!
ÇA VA SE TERMINER À COUPS D'MANIVELLE DANS LA TRONCHE ÇA ! J'LE SENS... OULALA.
REUH REUH KEUF !
VOUS ROULEZ PEINARD SUR L'AUTOROUTE, UN DÉBOITE-MAN FURIEUX SE FAUFILE DEVANT VOUS. RESTEZ COURTOIS.
VA TE FAIRE FOUTRE AMI !
BROO
CECI N'EST VALABLE QUE DANS LE CAS OÙ IL VOUS AURAIT DIT : "VA TE FAIRE ENCULER CONNARD !".
UN TRACTEUR VOUS BLOQUE MAINTENANT LE PASSAGE EN ROULANT À 40 KM/H. SOYEZ COURTOIS MAIS FERME AVEC LE PLOUC QUI VOUS ENFUME.
DÉGAGE CONNARD, FUMIER, AMI !
SOUDAIN, UNE SIMCA BRÛLE UN STOP ET VOUS EMBOUTIT. HORREUR ! C'EST L'ABRUTI DE TOUT À L'HEURE !
MAIS NON, CE N'EST PAS GRAVE.
J'VOUS TAPE SUR LA GUEULE AVANT OU APRÈS LE CONSTAT ?
VOUS LES ATTIREZ OU QUOI ?
VOYONS LES CHOSES EN FACE :
IL N'EST PAS TOUJOURS POSSIBLE D'ÊTRE COURTOIS AU VOLANT.
EH NON, IL FAUT HÉLAS PARFOIS AVOIR RECOURS À LA PROCÉDURE RAPIDE, C'EST-À-DIRE À L'INSULTE.

GUIDE DES INSULTES AUTOMOBILISTES ...
APPLIQUÉES À QUELQUES CONDUCTEURS-TYPES.
POUR ÊTRE RÉELLEMENT BLESSANT, POUR FAIRE ROUGIR DE HONTE VOTRE INTERLOCUTEUR ET NE PLUS LUI LAISSER D'AUTRE CHOIX QUE DE FUIR LA QUEUE BASSE OU DE VOUS PÉTER LA GUEULE, REPORTEZ-VOUS À LA LISTE SUIVANTE.
À UN CONDUCTEUR DE VOITURE DE SPORT, DITES :
P'TITE BITE !!
BROOO
SI VOUS AVEZ LE TEMPS, RAJOUTEZ "GONZESSE".
TRAITEZ UN CHAUFFEUR DE TAXI DE "COCU" !
TA FEMME AUSSI MET SA LAMPE QUAND ELLE PREND UN CLIENT ?
TAXI
À UN CONDUCTEUR DE MERCÉDES, DITES :
PARVENU !
VRRR
CRAAA
OU "COLLABO" S'IL A PLUS DE 70 ANS. SI VOUS CIRCULEZ EN ALLEMAGNE, BOUCLEZ-LA.
DITES : "GROS CUL" À UN CHAUFFEUR DE POIDS-LOURD.
TÔÔN
BROOO
RUII
RUII
TREUF !
NE TOMBEZ PAS EN PANNE DEUX KILOMÈTRES PLUS LOIN.
À TOUTES LES CONDUCTRICES DITES :
SALOPE !
AH, OUI, C'EST VULGAIRE, MAIS QUE VOULEZ-VOUS, C'EST LA PROCÉDURE RAPIDE. VOUS POUVEZ AJOUTER "PÉTASSE".
DEMANDEZ À UN MOTARD :
C'EST POURQUOI CE CASQUE ?
POUR PLANQUER TA TRONCHE DE CON ?
NE DITES PAS "VISAGE" DITES "TRONCHE"
À UN CONDUCTEUR DE SIMCA, DITES :
SMICARD !
OU "RMISTE !"
IL VA SANS DIRE QUE NOUS DÉPLORONS L'USAGE DE TELLES INVECTIVES.
MAIS IL EST FORT DIFFICILE DE SE CONDUIRE EN CHEVALIER DE LA ROUTE LORSQU'ON EST HARCELÉ À LONGUEUR DE TEMPS PAR DES PIGNOUFS DÉNUÉS DE SELF-CONTRÔL !

FABRIQUEZ VOUS-

L'AIR-BAG, SORTE DE BOUÉE PLACÉ SOUS LE VOLANT, QUI SE GON
RÉSERVÉ AUX VOITURES DE RICHES. IL ÉTAIT TEMPS QU'UN TE
GRÂCE AU SCHÉMA DE MONTAGE REPRODUIT CI-DESSOUS, VO
ET ROULER EN TOUTE SÉCURITÉ...

EN CAS DE CHOC FRONTAL (**4**), LE MOTEUR (**5**) VIENDRA PE
LE TUYAU (**2**) POUR VENIR GONFLER LE BALLON (**1**). **Vo**